सुग्घर गाँव

सुग्घर गाँव

दुर्गा प्रसाद पारकर

वाणी प्रकाशन

वाणी प्रकाशन

4695, 21-ए, दरियागंज, नयी दिल्ली 110 002

फ़ोन : +91 11 23273167 फ़ैक्स : +91 11 23275710

शाखाएँ

अशोक राजपथ, पटना 800 004, बिहार

कॉफ़ी हाउस कैम्पस, महात्मा गांधी मार्ग, इलाहाबाद 211 001, उत्तर प्रदेश

महात्मा गांधी अन्तरराष्ट्रीय हिन्दी विश्वविद्यालय, वर्धा 442 001, महाराष्ट्र

सुल्तानिया रोड, मोतिया पार्क, भोपाल 462 001, मध्य प्रदेश

www.vaniprakashan.com
marketing@vaniprakashan.in
sales@vaniprakashan.in

SUGGHAR GAON
by Durga Prasad Parkar

ISBN : 978-93-5229-794-8
Play/Cinema

प्रथम संस्करण 2019

मूल्य : ₹ 450

एशियन ऑफ़सेट प्रेस, दिल्ली-110 093 में मुद्रित

वाणी प्रकाशन का लोगो मक़बूल फ़िदा हुसेन की कूची से

(भूमिका)

नाटक कर्म एक युद्ध है

हर नाटककार की एक अलग पृष्ठभूमि होती है जिसमें अर्थ और भाव की खोज अपने-अपने ढंग से करता है। जिस प्रकार धन का लोभ नाटक को जन्म नहीं दे सकता उसी प्रकार यश की आकांक्षा श्रेष्ठ नाटक को जन्म नहीं दे सकती। नाटक से भले ही यश की प्राप्ति होती है पर इसका मतलब यह नहीं कि यश की आकांक्षा रखने वाला हर व्यक्ति नाटककार हो जाता है।

छत्तीसगढ़ी लोक नाटकों के सृजन की मनोभूमि में नाटककार श्री दुर्गा प्रसाद पारकर ' सोन चिरई' में डाक्यूमेंन्ट्री फिल्म-डोंगरगढ़हीन दाई बम्लेश्वरी, नाटक-सुग्घर गांव, सोनबती, हमला का करना हे, मंथरा, लघु फिल्म-सोन चिरई, बुद्धू के हनुमान, पठौनी जैसी रचनाओं में नाटककार यही चाहता है कि वह जो कुछ रचे वह अधिक संख्या में भी प्रमाण और अधिक ढंग से और अर्थवान हो। वह इन नाटकों को, पात्रों को नया अर्थ दे सके।

नाटककार श्री दुर्गा प्रसाद पारकर, शिवनाथ, सुकुवा, चंदा अउ 'नरवा-गरवा-घुरवा-बारी' जैसी लोक नाटकों के सर्जना में अपनी दायित्व बोध से उतना ही प्रेम करता है जितना अपनी संतान से।

लोक नाट्य शिवनाथ की 75वीं प्रस्तुति को भी छत्तीसगढ़ के अलावा अलग-अलग राज्यों में चिन्हारी छोड़ आया है। पुत्र के मन में माता-पिता के प्रति चाहे लगाव न हो पर माता-पिता के मन में पुत्र के प्रति सहज स्वाभाविक लगाव होगा ही क्योंकि वह उसका सृजन है। नाटक विधा एक बहुत ही कठिन कर्म है। रातों को नींद नहीं आती। छत्तीसगढ़ी की सर्जना ने दुर्गा प्रसाद पारकर को पं. रविशंकर विश्वविद्यालय में एम.ए. (छत्तीसगढ़ी) का प्रवर्तक बनाया। शिवनाथ और चंदा ने छत्तीसगढ़ की विराट फलक पर राष्ट्रीय पहचान दी।

मैं यह कह सकता हूं। कि नाटक कर्म श्री पारकर के लिए एक युद्ध है, एक पीड़ा है। सृजन की पीड़ा का अनुभव श्रेष्ठ रचना शिवनाथ, सुकुवा, चंदा को जन्म दिया है। जिससे नाटककार पल्लवित पुष्पित हुई है। प्रेम साइमन की भांति दुर्गा प्रसाद पारकर की परंपरा तो अटूट है। आज भी उस परंपरा से जुड़कर छत्तीसगढ़ के अनेक कलाकार आबाध गति से जन संघर्ष में अपनी सक्रिय भूमिका अदा करते जा रहे हैं।

शुभकामनाओं सहित

डुमनलाल ध्रुव

03.08.2018 **मुजगहन, धमतरी (छ.ग.)**

अनुक्रमाणिका

(छत्तीसगढ़ी डाकुमेन्ट्री फिल्म)

डोंगरगढ़हीन दाई बम्लेश्वरी

(माँ के भक्ति परसाद, दुर्गा प्रसाद पारकर (2007))

खण्ड-एक

दृश्य चित्रण- ब्रम्हाण्ड से प्रकाश पुंज निकलता है और उसी प्रकाश पुंज से माता बम्लेश्वरी दर्शन देती है। और इसी के साथ नेपथ्य से श्लोक गुंजता है।

सर्व मंगल मांगल्यै, शिवे सवार्थ सार्थके।
शरण्ये त्रयम्बके, गौरी नारायणी नमोऽस्तुते।।

दृश्य चित्रण- माता के पीछे भव्य प्रकाश जगमगा रहा है। उसके पैरों से कम्पनी की नामावली निकलती है।

नेपथ्य स्वर- सुजाता फिल्म्स इंटरटेनमेंट हा प्रस्तुत करत हवय, भक्तिमय एलबम-'भक्तितमय एलबम' 'डोंगरगढ़हीन दाई बम्लेश्वरी के भक्ति परसाद' ए धार्मिक एलबम म, मिसरी कस गुरतुर गीत के बोल ला लोक शैली म पिरोए हे छत्तीसगढ़ के लोक प्रिय गीतकार दुर्गा प्रसाद पारकर अउ संगीत ले सजाए हे, छत्तीसगढ़ के सुप्रसिद्ध संगीतकार दुष्यंत हरमुख।

--00--

खण्ड-दो

दृश्य चित्रण- डोंगरगढ़ की ऊंची पहाड़ी पर माता का मंदिर दिखाई देता है। उसी पर माता की मूरत धीरे-धीरे उभरती है। पहाड़ी पर स्थित सभी देवी-देवताओं के दृश्य एक के बाद एक उभरते जाते हैं।

हनुमान मंदिर, बालाजी हनुमान मंदिर, बटुक भैरव, दादी माँ, नाग मंदिर, छोटी बमलाई, टोनही बमलाही, बड़ी बमलाई एवं पहाड़ियों के सुन्दर रमणीक दृश्य उभरते हैं।

टाईटिल और इसी के उपर हमारे निर्माता, निर्देशक, लेखक एवं तकनीशियन के नाम उभरते हैं-

--00--

खण्ड-तीन

दृश्य चित्रण- ऊंचाई पर माता के मंदिर का बाहरी दृश्य। उस पर माता की मूरत उभरती है। टॉप एंगल से डोंगरगढ़ शहर का दृश्य उभरता है। उसी के साथ डिफिरेंट एंगल से डोंगरगढ़ की पहाड़ियों के दृश्य उभरते हैं।

माता के मंदिर का बाहरी दृश्य उभरता है। माता की मूरत का दृश्य उभरता है। डोंगरगढ़ स्टेशन का दृश्य उभरता है। रेलगाड़ियों की आवागमन का दृश्य उभरता है। भक्तजनों का बस, कार एवं अपने अपने साधनों द्वारा डोंगरगढ़ पहुंचने का दृश्य उभरता है।

नेपथ्य स्वर- डोंगरी पहाड़ी मन के गढ़ डोंगरगढ़। छत्तीसगढ़ के धार्मिक आस्था के केन्द्र। डोंगरगढ़ के जुन्ना इतिहास हा अभीन घलो अतीत के गर्भ म लुकाए हे। आज ले लगभग 2200 साल पहिली डोंगरगढ़ हा समृद्धशाली नगरी रीहिसे- 'कामावती'।

डोंगरगढ़ ले मिले देवी-देवता मन के जुन्ना मुरती अऊ दुसर जिनीस हा प्राचीन कामावती आय। इही नगरी ला महाराज कामसेन के वैभवशाली कामाख्या नगरी के नाव ले जानत रीहिसे।

1600 फीट के ऊंच पहाड़ी म बिराजे, माँ बमलई के मंदिर हा अपन महिमा बर जग प्रसिद्ध हे। बमलई माता के दरसन बर दुरिहा-दुरिहा ले अवइया मन ला डोंगरगढ़ के रेल्वे स्टेशन म उतरे ला परथे। काबर की हावड़ा-मुम्बई मुख्य रेलमार्ग म होय के सेती डोंगरगढ़ म सब्बो रेलगाड़ी हा रूकथे। माता के दरसन बर अपन-अपन साधन ले घलो पहुंचथे।

--00--

खण्ड-चार

दृश्य चित्रण- नवरात्रि के पर्व में मंदिर के असंख्य जोत जगमगा रहे हैं। इस पर माता की मूरत इनवाल्व होती है। धीरे-धीरे मूरत डिजाल्व होती है। इसी पर लाइटो से सजा हुआ मंदिर का बाहरी दृश्य उभरता है। इसी पर दर्शनार्थियों एवं भक्तजनों के दृश्य उभरते हैं।

नेपथ्य स्वर- नवरात्रि तिहार के, सुग्घर बेला म, मनौती के जगमगावत जोत ह, जगत जननी दाई बम्लेश्वरी के अपार महिमा के बखान करथे। सब्बो वातावरण हा भक्तिमय भावना ले महमहा उठथे। चइत अउ कुंआर के महिना म, माता के जस गाए बर जाग उठथे, भगत मन के मन अउ नाचे बर झूम जथे इंकर मन के तन.....

फिल्मांकन- गांव के माता के मंदिर के आँगन में भक्तजन सुन्दर वस्त्रों में सुसज्जित होकर नाचते गाते हुए रंग गुलाल उड़ाते हुए भक्ति गीत गा रहे हैं। इसमें मुख्य अभिनय पात्र पुरूष और उसके साथ एक महिला और अन्य कोरस महिलाओं की 20 से 30 के लगभग हैं।

नोट :-

(अ) गाने के मध्य-मध्य में कलर ब्लास्टींग भी करायी जायेगी।

(ब) मुख्य पुरूष पात्र का वस्त्र धोती, कुरता और महिला की वेशभूषा देशी पुट में होगी। कोरस महिलाओं के वस्त्र रंग एक सरीखे होंगे।

(स) विशेष सामग्री-रंगों से सजे हुए लगभग 100 घड़े। जिस पर रंगीन कलाकृति की हो।

गीत

आगे आगे नवरात्रि तिहार मइया करे हावय सोला सिंगार।
नीक लागे रे डोंगरी पहार चलव जाबो रे माता के दरबार।।
जगमग-जगमग जोत जलत हे, सुग्घर माता के अंगना।
चमचम चमचम चमचम चमके, पांव ले माथ के गहना।।
चारो मुड़ा दिखय नवा चमत्कार, जिहां लंगुरे लगे हे रखवार....
संगमरमर के भुवन बने हे, सोनन के बने सिंहासन।
ऊंच पहारी के ऊपर बिराजे, मइया के रूप मनभावन।।
सरधा भक्ति के बहे हे बहार, जिहें माई के होवय जै जै कार....
जिहां हवे तोर रहवासी, अइसन भुइंया पावन हे
लहरावत हे धजा पताका, तोर नगर गजब सुहावन हे
धरम धाम बनगे माई के दुआर, जिहि मिले सब ला दुलार

खण्ड-पांच

दृश्य चित्रण- माँ बम्लेश्वरी की मूरत दिखाई दे रही है। इसी पर कुछ धार्मिक ग्रंथ उभरते हैं और डिजाल्व होते हैं। ग्रंथ खुले हुए हैं। इसी पर ग्रंथ कल्याण उभरता है। और इसी पर गाने के फिल्माकंन की क्लीपिंग भी उभरती है। और अंत में बगलामुखी का स्वरूप दिखाकर उस पर माँ बम्लेश्वरी की मूरत धीरे-धीरे उभरने लगती है।

नेपथ्य स्वर- माँ बम्लेश्वरी के अद्‌भूत कथा के वर्णन हा हमर वेद पुरान म मिलथे। धार्मिक ग्रंथ 'कल्याण' के मुताबिक, शंकर भगवान ले इरसा रखे के सेती दक्ष प्रजापति ह अपन यज्ञ म ओला नइ नेवते रीहिसे। सती हा भगवान शिव के यज्ञ म जाय बर अनुमति मांगिस।

भोला भण्डारी हा यज्ञ म जाय बर मना करीस। पति परमेश्वर के इंकार करे ले, सती के आंखी ह गुस्सा म लाल होगे। क्रोध म जलत शरीर ह भयंकर डरावना दिखे लगिस। महादेव ओकर अइसन रंग रूप ला देख के एती-ओती भागे ला धर लिस। ओला रोके बर देवी हा दसो दिशा म अपन अंगभूता दसो देवी मन ला प्रगट करीस। देवी के इही दसो रूप हा दस महाविद्या आय। जेला हमन-काली, तारा, छिन्नमस्ता, षोडशी, भुवनेश्वरी, त्रिपुर भैरवी, धूमावती, बगलामुखी, मातङ्गी अउ कमला के नाव जानथन। बगलामुखी इही दसो शक्ति म एक आय। जेला हमन माता बम्लेश्वरी के रूप म पूजा करथन।

फिल्माकंन- हिमालय की पहाड़ियों का सेट जिस पर सती द्वारा महादेव को मनाने की कोशिश की जा रही है। महादेव द्वारा इंकार करने पर सती का रूप उग्र हो जाता है। सती के इस भयानक रूप को देखकर महादेव यहां-वहां भागने लगते हैं। आस-पास पाताल, धरती आदि का दृश्य क्रोमा द्वारा फिल्माकिंत किया जायेगा।

गीत

महादेव ला मनाये सती मइके जाहूँ कहिके
ददा घर जग माढ़े हे
मइके जाये के सुर लामे हे
ठऊर मांगहूं तोर नाव के, काबर नइ दे कहिके

राजा दक्ष ह राज म अपन, सुग्घर जग रचाये हे।
शिव जी ला छोड़ के जम्मो, देवता रिसी नेवताये हे।।
भोला ला गोहराये सती, कइसे राहवं मैं सहिके....

बिन नेवता के जाना सती जी, फभे नहीं कभू तोला।
कइसे जा कहि देंव मैं तोला, रहि रहि काहत हवे भोला।।
शिव जी तोर अपमान करे हे, सती जी कहे अइसे कइसे....

ईसर देव के मना करे ले, सती नयन होगे लाल।
तम-तम, तम-तम करे क्रोध म, रूप दिखय विकराल।।
ठउर नइ दिही ददा ते, जग ला उझार दुहूं कहिथे....

सरी मंझनिया कस तेज हा, बिरबिट करिया होगे बदन हा।
मुण्ड माला पहिरे देख के, कांपे लगे भोला के तन हा।।
जिद्द करन लागे जगदम्बा, जाय बिन नइ छोड़व कहिके....

डर के मारे भोले बबा, चारो कोती भागे।
दसो दिसा म दस महाविद्या, शंकर जी के आगे।।
एक घांव हव कहि दे जोड़ी, मइके जा तैं कहिके....

--00--

खण्ड-छै

दृश्य चित्रण- पहाड़ी पर माता के मंदिर का दृश्य ,माता की मूरत का दृश्य। इसके अलावा स्क्रीन पर सभी देवी-देवताओं के दृश्य उभरते हैं। नवरात्री के त्यौहार की गहमा-गहमी और मेले का सुंदर दृश्य उभरता है। भक्तजनों के उभरती भीड़ का दृश्य। पूजा अर्चना का दृश्य।

नेपथ्य स्वर- डोंगरगढ़ के पहाड़ी म माता बम्लेश्वरी के मंदिर हा, अपन महिमा बर, बहुत प्रसिद्ध हे। एकर अलावा इही पहाड़ी म अऊ देवी-देवता मन के मंदिर हे। जइसे- संकटमोचन हनुमान, माँ सरस्वती, श्री कालका देवी, बटुक भैरव, श्री शंकर, श्री गणेश, जोगनी माता, बाला जी हनुमान, दादी माँ, नाग देवता, भीम पाँव, बुढ़ा देव, छोटे बमलाई, शिवजी अउ टोनही बमलई, अपन-अपन गौरव गाथा के संग बिराजमान हे।

नवरात्री परब म इहां जोरदार मेला भराथे। जिहां श्रद्धालु मन अपन-अपन मनौती मनाए बर आथे। जनमानस म अइसन भावना प्रचलित हे की जब तक ले माता के बुलावा नइ आवय तब तक ले दरसन के सौभाग्य नइ मिलय। अउ जेमन ला माँ बमलई के बुलावा आथे उमन झूमत, नाचत-बिधुन हो के दाई के दरबार डाहर चल पड़थे।

गीत

चलव चलव भगत दरबार माँ बमलई बलाये हे,
डोंगरगढ़ ले नवरात्रि नेवता आये हे।
ऊंच पहाड़ी के उपर मइया के लगे हवे दरबार,
एक झलक दरसन पाये बर लगे हवे कतार,
मइया के मंदिर म भारी मेला भराये हे।
कोनो मांगे धन दउलत ला, कोनो मांगे नोनी बाबू,
कोनो मांगे तन के रक्छा हाथ जोड़े मइया के आघु,
मइया के भुवन म जगमग जोत जलाये हे।
मइया के आघु ले कोनो खाली हाथ नइ जाये,
जउन-जउन जइसन मांगे ओह ओइसन ओइसन पाये,
सरधालू मन मइया ले मनौती मनाये हे।

खण्ड-सात

दृश्य चित्रण- दर्शन के लिए जाते हुए विशाल जन समुह का दृश्य। माँ बम्लेश्वरी ट्रस्टी समिति के आफिस का दृश्य। पूजा सामग्री की दुकानों का दृश्य। धर्मार्थ-चकित्सालय का दृश्य। वाचनालय का दृश्य। धर्मशाला का दृश्य, भोजन व्यवस्था का दृश्य। रोप-वे का दृश्य। विश्राम व्यवस्था का दृश्य। इसी दृश्य में दो भाई अपनी पत्नियों और परिवार समेत माता के मंदिर की सीढ़िया चढ़ते हुए उपर की ओर चले जा रहे हैं।

नेपथ्य स्वर- दुरिहा-दुरिहा ले अवइया श्रद्धालु मन बर, श्री बम्लेश्वरी मंदिर ट्रस्ट समिति डाहर ले धर्मार्थ चिकित्सालय, निशुल्क वाचनालय, धर्मशाला, रिसायती दर म भोजन बेवस्था अउ नगर पालिका डाहर ले डोकरा-डोकरी अउ अपाहिज मन बर रोप-वे के सुविधा उपलब्ध कराए गे हे।

जगत जननीं के चरन कमल म पहुंचे बर हजारों सीढ़िया चढ़ के जाये बर परथे। फेर श्रद्धालु मन ला अतेक अकन सीढ़िया के थोरको अहसास नइ होवय। उमन माता जी ला सुमरत-सुमरत, जस गावत-गावत, सपना के महल बनावत आसा के गठरी ला बांधे झूमत-झूमत उपर चढ़थे।

फिल्मांकन- दो भाई अपने पत्नियों और परिवार समेत माता के मंदिर की सीढ़ियाँ चढ़ते हुए उपर चले जा रहे हैं उनके हाथों में पूजा सामग्री है।

गीत

तोला सुमरी-सुमर के मनावव हो माता बम्लेश्वरी।
तोर झूमरि झूमर जस गावंव हो माता बम्लेश्वरी।।
डिह डोंगरी म तोर बसेरा, सिढ़िया चढ़ि-चढ़ि आयेव माँ।
तोर देवाला म आ के मइया, फूल पतरी ला चघायेंव माँ।।
फूल पतरी ल चघा के मइया, सुग्घर माथ नवायेंव माता बम्लेश्वरी....
तोर भरोसा म मैंह मइया, सपना के महल बनायेंव माँ।
आसा के गठरी ला बांधे, तोर सरन म आयेंव माँ।।
तोर सरन मा आ के मइया, घंटा धूनी बजायेंव माता बम्लेश्वरी....
दीन हीन के तैंह सहारा, तोला मैं गोहरायेंव मां।
अपरम्पार हे तोर महिमा हा, हिरदे म तोला बसायेंव माँ।।
हिरदे म तोला बसा के मइया, डोंगरगढ़ मैं आयेंव माता बम्लेश्वरी....

खण्ड-आठ

दृश्य चित्रण- डोंगरगढ़ के पहाड़ियों का दृश्य माता के मंदिर का दृश्य। माता के मूरत का दृश्य। एक साध्वी पीत वस्त्र में अपने साथियों के साथ बैठी प्रवचन सुना रही है।

नेपथ्य स्वर- (महिला)- शास्त्र के मुताबिक बगलामुखी, ओ शक्ति आय, जउन हा रोग अऊ बैरी मन के उपद्रव ला खतम करथे। जउन जघा म माँ बगलामुखी बिराजमान होथे वो नगर ह प्राकृतिक आपादा ले मुक्त रइथे। अग्नि पुरान म बगलामुखी ल दसो महाविद्या मन म, सिद्ध विद्या केहे गे हे। बगलामुखी ला पिताम्बरा विद्या के रूप म घलो मानथन। एकर साधना 'बैरी मन' के डर ले भक्ति पाय बर अउ वाक्सिद्धि बर करे जाथे।

--00--

खण्ड-आठ (अ)

दृश्य चित्रण- राक्षस गण यज्ञ करते हुए ऋषि मुनियों को मार-काट रहे हैं। दानव राज अपने मुंह से तुफान छोड़ता है। चारो ओर जल प्रलय और तूफान का दृश्य।

नेपथ्य स्वर (महिला)- सतयुग म जग ला नाश करइया तूफान अइस। जीव जन्तु मन उपर संकट आए देख के विष्णु भगवान ह चिन्ता म परगे। अउ वोह सौराष्ट्र देश के हरिद्रा सरोवर के तीर म जा के भगवती ला प्रसन्न करे बर तप करे ला धर लीस।

श्री विद्या ह सरोवर ले निकल के पिताम्बरा के रूप म वोला दरसन दिस। ताहन देखते-देखते बाढ़त बाढ़ अउ हवा गरेर ल अपन शक्ति ले रोक दिस।

फिल्मांकन- मंदिर परिसर में साध्वी अपने सहयोगियों के साथ भक्तजनों के समक्ष पीले वस्त पहने कथा सुनाते हुए गीत गा रही है। सम्पूर्ण गीत क्रोमा द्वारा फिल्मांकित किया जायेगा।

क्रोमा वर्क

सम्पूर्ण गीत क्रोमा में फिल्मांकित किया जावेगा।

गीत

बइरी ला नष्ट करे बर, हितवा के कष्ट हरे बर
आये सतयुग म तैं दाई
तैं लिये अवतारे बगुलामुखी बमलाई....

हर हर, हर हर, गरेर आ के, रार मचावन लागे।
डर के मारे जीव जन्तु मन, जान बचावन लागे।
अलहन ये कइसन आगे,
विष्णु जी गुनन लागे,
देख के जग करलाई,
तैं लिये अवतारे बगुलामुखी बमलाई....

तरिया तीर म बिष्णु जी ह, बइठे धुनी रमाये।
बिपत ले उबरे बर, मइया ला गोहराये।।
बिनती ला सुनन लागे,

दरसन ओ देवन लागे,
श्री विद्या महामाई....
तैं लिये अवतारे बगुलामुखी बमलाई....

गंवघेरा के तेज धार ला, जगदम्बा हा थाम्हिस।
ब्रम्हा के सुग्घर रचना ला, उजरत काल बचाइस।।
भक्ति बनगे बिष्णु जी के
शक्ति बनगे ब्रम्हा जी के
पिताम्बरा महामाई....
तैं लिये अवतारे बगुलामुखी बमलाई....

--00--

खण्ड-नौ

दृश्य चित्रण- स्क्रीन पर माता की मूरत दिखाई देती है। दो हाथ आते हैं। माता के चरण में गुड़हल (दशमत) फूल चढ़ाते हैं।

इन्टर कट में माता की नथनी, बाली, पैरी, चूरी दिखाते हैं। इसी में भक्तजन माता की मूर्ति के सामने नतमस्तक होते हैं। सोलह श्रृंगार से सजी हुई माता के मूरत का दृश्य।

नेपथ्य स्वर- माता भौतिक उपहार ले नहीं बल्कि अराधना अउ भक्ति भाव ले प्रसन्न होथे। जीनगी ला सुफल करे बर भक्तजन, माता के चरन म दसमत फूल, बाली, नथनी, पैरी, चुनरी, अउ चूरी के सिंगार ला भेंट करथे। ताहन भक्त जन पांव-पखार के माथ नवाथे।

भक्त-जन माता ला, सोला सिंगार ले सजा के, झूलना सूलाये के भावना ला मन म संजोये प्रगट होय बर बिनती करथे-

फिल्मांकन-ऊपर बड़ी बमलई के मंदिर में पुरूष भक्त व अन्य भक्त-गण मूर्ति के सामने बैठकर झूम-झूमकर माता की अराधना कर रहे हैं।

गीत

झूलना झूलावंव दाई, सोला सिंगारवं तोला माई
मोला दरस दिखा दे बमलाई।

तोर दरस ला पाये खातिर, डोंगरगढ़ म आये हवं।
तोर आसन म मैंह मइया, दसमत फूल चघाये हवं।।

बाली झूलावंव कान म दाई,
नथनी लटकावंव नाक म माई,

बिंदिया लगावंव तोला दाई....
मोला दरस दिखा दे बमलाई....

तोर दरस ला पा के मइया मोर चोला तर जाही ना।
तोर असीस ला पा के मइया मोर जिनगी संवर जाही ना।।

पैरी छनकावंव पांव म दाई,
चूरी खनकावंव हाथ म माई,

करधन पहिरावंव तोला दाई....
मोला दरस दिखा दे बमलाई....

मन ह लगे हवे मइया, तोरे जस ला गाये के।
एके ठन मोर मन हे मइया, तोरे सेवा बजाये के।।

सेंदुर सजावंव मांघ म दाई,
मुकुट चघावंव सिर म दाई,

चूनरी ओढ़ावंव तोला दाई
मोला दरस दिखा दे बमलाई।

--00--

खण्ड-दस

दृश्य चित्रण- डोंगरगढ़ शहर का दृश्य डोंगरगढ़ पहाड़ियों का दृश्य। मंदिर के बाहरी भाग का दृश्य। मूर्ति का दृश्य। एक दो शास्त्र का दृश्य।

(अ) श्री बम्लेश्वरी मंदिर ट्रस्ट समिति, डोंगरगढ़ (छ.ग.)

(ब) कल्याण

(स) नवरात्रों का नौ दिन का पाठ

नेपथ्य स्वर- सोलहवीं शताब्दी म 'डूंगराख्य नगर' म गोंड़ राजा मन राज करत रीहिन। इहां के राजा वीर सेन के पुत्र, कामसेन के नाव ले ए जघा के नाव कामावती नगरी परीस। बाद म ये हा 'कामाख्या नगरी' के नाव ले प्रसिद्ध होइस।

किंवदंती के मुताबिक माँ बम्लेश्वरी के मूरती के स्थापना आज ले लगभग 2200 साल पहिली राजा वीर सेन ह करे रहिसे।

कुछ विद्वान मन के अनुसार माँ बम्लेश्वरी के प्रतिमा अउ मंदिर के निर्माण, राजा विक्रमादित्य ह करे रहिसे।

माँ बगुलामुखी ला डोंगरी पहाड़ी म 'महाकाली' के रूप म स्थापित करे के पाछू एक ठन प्रेम कथा जुड़े हे-

राजा विक्रमादित्य हा काम कंदला अउ माधव नल के प्रेम के परीक्षा ले रीहिस। अपन मया ला साबित करे बर वोमन दुनों झन अपन प्राण ला त्याग दिन। उंकर प्राण तियागे ले राजा विक्रमादित्य ला भारी पछतावा होइस अउ वोह माँ बगुलामुखी के घोर अराधना करीस। माता प्रसन्न हो के, राजा ला दरसन दे के, माधव नल अउ काम कंदला दुनों ला जियइस। राजा विक्रमादित्य, एकरे संगे-संग माता ले यहू वरदान मांगीस की साक्षात महाकाली के रूप म, इहां डोंगरगढ़ के पहाड़ी म बिराजव।

तिही पाय के बगुलामुखी ला बगुलामुखी अउ साक्षात महाकाली के प्रतिरूप म पूजे जाथे। इही महाकाली ह वर्तमान म डोंगरगढ़हीन दाई बम्लेश्वरी के रूप म प्रसिद्ध हे। शास्त्र मन के अनुसार महाकाली के ए रूप 'योग-निद्रा' घलो आय। मधु अउ कैटभ राक्षस मन ला मारे बर, ब्रम्हा जी हा महाकाली मने 'योग निद्रा' के सुमिरन करिस।

फिल्माकंन- ब्रम्हा जी द्वारा योग निद्रा देवी की अराधना करना। योग निद्रा देवी द्वारा विष्णु जी को जगाना। विष्णु जी द्वारा मधु कैटभ को मारना आदि। सम्पूर्ण गीत क्रोमा द्वारा फिल्माकिंत किया जायेगा।

गीत

सुन ब्रम्हा के अरजी दाई, डोंगरगढ़हीन बने सहाई
मधु कैटभ ला मारे बर, भुइंया के भार उतारे बर।

जग पालक बिस्नु जी ह, सेस सइया म सोवन लागे।
बिस्नु जी के कनघउवा ले, मधु कैटभ उपजन लागे।।
ब्रम्हा जी ला दउंड़ावन लागे, ब्रम्हा जी ह लुकावन लागे
आये बिपत ला टारे बर
भुइंया के भार उतारे बर

ब्रम्हा जी हा सुमिरन लागे, बिस्नु जी ला जगा दे।
मधु कैटभ ला मारे खातिर, श्री हरि के मन ला मना दे।।
योग माया हा आवन लागे, बिस्नु जी हा जागन लागे
अपन लीला देखाये बर
भुइंया के भार उतारे बर

ब्रम्हा जी ला खाबोन कहिके, मधु कैटभ दूनों अभरन लागे।
अइबी मन के चाल के देखे, बिस्नु जी बगियावन लागे।।
बिस्नु जी हा लड़न लागे, सालो साल बीतन लागे
असुर मन ले उबारे बर
भुइंया के भार उतारे बर

मधु कैटभ श्रीहरि ले बोले, मांग ले तैं कुछु वरदान।
तोर बीरता ले खुश हवन हम, दे देबोन कुछु भी दान।।
मोर हाथ ले तुमन मरौ, श्री हरि बोले इही दे डरौं
चोला ला अपन तारे बर
भुइंया के भार उतारे बर

बिस्नु जी के मांग ला माने, दुनों होवे मरे बर तइयार।
भुइंया उपर पानी झन होवै, अइसन जघा तैं हमला मार।।
जांघ म मढ़ा के सिर ला, चक्र ले उड़ाये श्रीहरि जी हा
जग के लाज बचाये बर
भुइंया के भार उतारे बर

खण्ड-ग्यारह

दृश्य चित्रण- खैरागढ़ रियासत के महल का दृश्य। डोंगरगढ़ मंदिर ट्रस्ट समिति का दृश्य। उपर के मंदिर में 3000 ज्योति कलश का दृश्य। नीचे के मंदिर में प्रज्वलित 601 ज्योति कलश का दृश्य, शीतला मंदिर में 51 ज्योति कलश का दृश्य।

नेपथ्य स्वर- सन् 1964 म खैरागढ़ राज के राजा 'बहादुर सिंह' डाहर ले एक ठन ट्रस्ट स्थापना करके, वोला मंदिर ट्रस्ट समिति ला सौंप दिस। जउन हा वर्तमान म "श्री बम्लेश्वरी मंदिर ट्रस्ट समिति डोंगरगढ़" के नाव ले सेवा करत हे। हर साल कुंवार अउ चइत के महिना म ट्रस्ट समिति हा नवरात्रि पर्व के आयोजन करथे। ए दूनों पर्व म श्रद्धालु मन डाहर ले हजारों अखण्ड ज्योति कलश जलाये जाथे।

उपर पहाड़ी के मंदिर म 3000 ज्योति कलश, खाल्हे के मंदिर म 601 ज्योति कलश अउ शीतला मंदिर म 51 ज्योति कलश हर एक परब म प्रज्वलित करे जाथे।

फिल्मांकन- मंदिर परिसर में माता जी की मूर्ति के सामने खुबसूरत कन्या अपनी सहेलियों के साथ सुन्दर आभूषणों एवं नामों से सुसज्जित अपने हाथों में जलती हुई जोत लेकर माता के मूरत के सामने झूम-झूम कर माता की अराधना कर रही है।

गीत

तोर देवाला म दाई जगमग जोत जले
संझा बिहनिया सेवा होवत चले....

कड़रा घर के झेंझरी म बिरही बोंवाये।
कुम्हरा घर के कलसा म बाती जलाये।।
निस दिन पंडा जल सिंचत चले....

लोहरा घर के बाना म लिमऊ खोंचाये।
मेघींन लाली सादा बैरग लहराये।।
लंगुर रखवारी तोर करत चले....

काली रूप म खप्पर दाई मुहाटी बिराजे।
मांदर, ढोल, मंजीरा ला दाई सेऊक बजाये।।
तोर परसाद हा मइया बंटत चले....

(छत्तीसगढ़ी नाटक)

सुग्घर गांव

दृश्य-एक
स्थान-यमलोक
समय- दिन

यमलोक म मृतात्मा मन अव्यवस्था के खिलाफ आंदोलन कर दे हे। मृतात्मा मन यमराज अउ चित्रगुप्त बर मुर्दाबाद के नारा लगावत हे। यमलोक के जघा छोटे अउ मृतात्मा मन जादा होय के सेती भगदड़ मच गे हे। यमलोक के व्यवस्था सुधारे बर मृतात्मा मन तो हल्ला करत रथे। ठउंका वोतके बेर यमराज अउ चित्र गुप्त पहुंचथे।

यमराज - शांत, शांत, शांत....

(यमराज के आवाज ला सुन के सबो मृतात्मा मन खड़ा हो जथे)

यमराज - चित्रगुप्त।

चित्रगुप्त - जी महराज!

यमराज - यमलोक म ये कइसन हाहाकार मचे हे?

चित्रगुप्त - ये मृतात्मा मन हड़ताल कर दे हे यमराज जी।

यमराज - फेर काबर कर देहे ? इमन हड़ताल?

चित्रगुप्त - यमलोक के सबो कुरिया ह हाऊस फूल हो गे हे। मृतात्मा मन के रेहे बर खाली जघा नइ हे। चारों तरफ अव्यवस्था फैल चुके हे।

यमराज - त चित्रगुप्त, ए अव्यवस्था ला रोके के का उपाय हे?

चित्रगुप्त - महराज, पृथ्वी लोक के असमय मृत्युदर ला रोके बर परही।

यमराज - त काय करे जाय एकर बर?

चित्रगुप्त - पृथ्वी लोक जाय बर परही।

यमराज - मृत्युदर रोके बर पृथ्वी लोक काबर जाय बर परही?

चित्रगुप्त - सरकार डाहर ले चलाये निर्मल ग्राम योजना के प्रसार-प्रसार बर पृथ्वी लोक हम्मन ला खुदे जाए बर परही।

यमराज - त का हमर मन के जाये ले ये संकट टल जही?

चित्रगुप्त - अवश्य महराज अवश्य।

यमराज - वो तो सब ठीक हे, फेर तेंह ए बता, अइसन पावन जघा कहाँ हे, जिहां हमर अवतरन हो। पृथ्वी लोक के कोनो भी गांव महराज। जिहां ए समे अकस्मात मृत्यु दर सबले जादा हे।

यमराज - ठीक काहत हस चित्रगुप्त। इही बहाना पृथ्वी लोक के घुमई हो जही, संगे-संग सरकार के कल्याणकारी योजना के प्रचार घलो हो जही। जा यमलोक के ऑफिस म ताला लगा दे।

चित्रगुप्त - जो हुकुम महराज!

(नारद अउ चित्रगुप्त पृथ्वी लोक जाय बर निकल जथे।)

(नारद ह यमराज अउ चित्रगुप्त के पृथ्वी लोक म जाये के विषय म गीत के माध्यम ले वर्णन करथे।)

--00--

दृश्य-दो

स्थान-पृथ्वी लोक

समय-दिन

गांव के रद्दा म माईलोगन मन शौच के स्थिति म बइठे हे। सबो के आघु म पानी ले भरे लोटा माढ़े हे। बइठे-बइठे माई लोगन मन दुसंर के चारी-निंदा करत हे। ठउंका उही समय यमराज अउ चित्रगुप्त ह पृथ्वी लोक घूमे बर पहुंचथे। यमराज अउ चित्रगुप्त ला देख के माईलोगन मन लज्जावश मुड़ी गड़िया के खड़ा हो जथे।

यमराज – (माईलोगन मन ला देख के) अरे वाह, पृथ्वी लोक म मोर अतेक स्वागत। मैं कभु सोंचे नइ रहेंव की इहां मोर अतेक इज्जत होही।

चित्रगुप्त – महराज इमन आपके इज्जत करे बर नइ खड़ हे बल्कि इमन तो अपन इज्जत बचाय बर खड़े हे ।

यमराज – अपन इज्जत, मतलब।

चित्रगुप्त – महराज, ए माईलोगन मन शौच करे बर बइठे रिहिन हे। हम्मन ला देख के बपरी मन लजा के खड़ा हो गे।

यमराज – त का इंकर घर म शौचालय नइ हे?

चित्रगुप्त – इही तो विडंबना ए महराज।

(गोठियावत- गोठियावत आगु तनी बढ़त जाथे।)

यमराज त फेर ए समस्या के समाधान का हे?

चित्रगुप्त – एकर बर सरकार ह 'निर्मल ग्राम योजना' बनाय हे।

यमराज –'निर्मल ग्राम योजना' ले ए गंभीर समस्या हल हो सकथे का?

चित्रगुप्त – अवश्य महराज, अवश्य।

यमराज – ए योजना ला अमल म लाय बर काकर करा जाये बर परही?

चित्रगुप्त – सरपंच करा महराज।

यमराज – त फेर चले जाय।

चित्रगुप्त – चलौ महराज।

(यमराज अउ चित्रगुप्त ह आगु डहार दू कदम आगु बढ़थे। यमराज नाक मुंहु ला सिकोड़थे अउ सुंघे-सुंघे के कोशिश करथे।)

यमराज – ए अद्भूत खुशबू का के चित्रगुप्त?

चित्रगुप्त – खुशबू नहीं बदबू ए महराज, बदबू ए।

यमराज – बदबू, मगर ये आवत कोन दिशा ले हे?

चित्रगुप्त – प्रभु! (अंगरी देखावत) अभी, अभी वो डाहर बम के गोला अवतरिस होइस हे ओकरे अदभूत प्रताप ए।

यमराज – असहनीय, भागो इहां ले।

(यमराज अउ चित्रगुप्त स्टेज ले परदा के अंदर भागत जाथे। इंकर जाये के बाद नारद तमूरा धरके नारायण–नारायण काहत मंच म प्रवेश करथे।

नारद – घोर कलयुग आगे, घोर कलयुग । घरों–घर निर्मल ग्राम योजना लागु होय ले ए समस्या ले उबरे जा सकत हे।

(विषय ला गीत के माध्यम से बहावत बतावत नारायण–नारायण काहत चल देथे।)

--00--

दृश्य-तीन

स्थान-घर

समय-दिन

सरपंच -(छाती पीट-पीट के रोवत हे), मोर इज्जत तो माटी म मिलगे ददा अ हः...हः...। मैं तो मुंहु देखाय के लइक नइ रहि गेंव दाई अ हः..हः.....। जात बिरादरी म मोर नाक कटागे भाई...अ हः...हः....एकर ले पहिली तो मोला उठा ले रहिते भगवान....ए...हें...हे...(जोर-जोर से रोवत रथे, ओतके बेर यमराज अउ चित्रगुप्त दरसन देथे।)

यमराज - का बात ए बेटा, गोहार पार के काबर रोवत हस।

सरपंच - तुमन ला का करना हे बहुरूपिया हो? अउ तुमन अंदर कइसे आ गेव। चलो आगु बढ़व तो। बड़ा, यमराज अउ चित्रगुप्त के नकल मारत हव। चलो भागो, पइसा कउड़ी नइ हे।

चित्रगुप्त - अरे! मानव।

सरपंच - मोला कुछु मानना सुनना नइ हे। भागो इहां ले।

चित्रगुप्त - अरे मानव! जऊन तेंह समझत हस वोइसन नोहन हम्मन।

सरपंच - त फेर कोन अव?

यमराज - मेंह असली यमराज अंव अउ एह असली के चित्रगुप्त।

सरपंच - मोर अहो भाग्य महराज जऊन आप मन मोर घर पधारे हव। बइठो-बइठो।

(यमराज अउ चित्रगुप्त ला बइठारथे)

बइठो यमराज मेंह तुंहर मन बर नाश्ता के बेवस्था करत हंव।

(सरपंच नाश्ता लाय बर चल देथे)

यमराज -चित्रगुप्त! नाश्ता काला किथे?

चित्रगुप्त - जलपान ला प्रभु।

यमराज - ओऽऽऽऽमीन ब्रेक फास्ट।

चित्रगुप्त - यस सर! (सरपंच नाश्ता धर के आथे।)

सरपंच - लेव प्रभु नाश्ता करौ।

(यमराज नाश्ता डाहर खाय बर हाथ बढ़ाथे। चित्रगुप्त वोला टोकथे)

चित्रगुप्त – प्रभु! खाय के पहिली हम्मन हाथ तो धो लेतेन

यमराज – हमर असन व्ही.आई.पी. मन ला हाथ धोए के का जरूरत हे? चित्रगुप्त तेंह बहुत डरपोकना हस। चल खा।
(दूनों झन नाश्ता करत-करत सरपंच ला पूछथे।)

यमराज – बता बेटा तोर का समस्या हे?

सरपंच – मोर बेटा के बिहाव के तारीख पक्का हो गे हे। मेंह सबो जघा नेवता बांट डरे हवं। अउ एन वक्त म लड़की के बाप ह बिहाव ला केन्सल कर दे हे। अब आपे मन बताव मेंह का करौं।

यमराज – शादी ला केन्सल करे के का करन हे?

सरपंच – शौचालय।

यमराज – शौचालय ले शादी के का संबंध हे?

सरपंच – लड़की के ददा के कहना हे- ''जउन घर म शौचालय नइ हे वो घर म अपन बेटी के बिहाव नइ कर सकौं।

यमराज – त बना लेना शौचालय। का तकलीफ हे?

सरपंच – तकलीफ हे महराज। करजा ले के तो मेंह बिहाव करत हवं। त शौचालय बर पइसा कहाँ ले लाहूँ।

सरपंच – प्रभु एकर बारे म बिस्तार ले बताव न।

यमराज – योजना सार्वजनिक आय। तेंह पूरा गाँव वाले ला चौपाल म सकेल। ताहन पूरा विस्तार ले बताहूँ।

सरपंच – जइसे आपके आज्ञा प्रभु (सरपंच चल देथे)
(यमराज पानी पीये बर गिलास उठाथे। गिलास ला मुंहू म टेकाए ला धरथे। वोइसने म चित्रगुप्त ह टोकथे।)

चित्रगुप्त – प्रभु, थोकिन देख के तो पियो। साफ हे ते गंदा।

यमरा – पानी साफ हो या गंदा। यमराज ला कुछु फरक नइ परै।

चित्रगुप्त – (चिंता करत) प्रभु! कहूं तोला पेट के बीमारी झन हो जय।

यमराज – चित्रगुप्त तेंह निच्चट डरपोकना हस। बीमारी ले बिक्कट डर्राथस। चल चौपाल डाहर जाबोन।

--00--

दृश्य-तीन (अ)

स्थान- चौपाल

समय- दिन

(चौपाल म गांव के छोटे-बड़े किसान सकलाये हे। कार्यक्रम के संचालन सरपंच ह करत हे। यमराज अउ चित्रगुप्त ह माला पहिरे बइठे हे।)

सरपंच - बड़ा सौभाग्य के बात आय की सरकार डाहर ले चलाये गे निर्मल ग्राम योजना के बारे म हम्मन ला बिस्तार ले बताये बर यमराज अउ चित्रगुप्त हमर बीच पधारे हे।

यमराज जी ले मैं पुछना चाहत हवं की सरकार घरो-घर शौचालय काबर बनवाना चाहत हे?

यमराज - खुल्ला मैदान म शौच करे ले मल के कीटाणू वातावरण म बगर जथे। इही मल के किटाणु ह भोजन अउ पानी ले हमर पेट म पहुंच के बीमारी फैलाथे। बीमारी ले बचे खातिर शौचालय के उपयोग करना चाही।

सरपंच - अब मैं चित्रगुप्त जी से पूछना चाहथौं की शौचालय निर्माण ले अउ का-का फायदा हे?

चित्रगुप्त - (1) घर म शौचालय एक समाजिक प्रतिष्ठा के बात आय।

(2) घर म शौचालय के अभाव म माईलोगन मन शौच के वेग ला रोके रहिथे अउ अंधियार के इंतजार करथे। शौच के रोके ले गंभीर बीमारी हो सकथे।

(3) घर म शौचालय रेहे ले बीमार मनखे मन ला सुविधा होथे। कोनो खतरा घलो नइ राहै।

(4) बर के बाहिर शौच जाये ले कीरा-मकोरा, सांप-बिच्छू मन के चाबे के डर रहिथे।

यमराज - एकर अलावा अऊ फायदा हे।

सरपंच - का-का फायदा हे यमराज?

यमराज - अइसे संगठन ला पुरस्कृत करे जाही जऊन अपन-अपन भौगोलिक क्षेत्र म शौचालय निर्माण, स्वच्छता सम्बंधी आदत म सकारात्मक बदलाव, पूर्ण स्वच्छता खातिर मुख्य भूमिका निभाय हे। एकर

अलावा शौचालय निर्माण खातिर शासन डाहर ले प्रोत्साहन राशि घलो दे जाही।

चित्रगुप्त – (कुछ परचा निकाल के सरपंच ला देथे।)
(शौचालय निर्माण खातिर विस्तृत जानकारी बर सरपंच महोदय कर पाम्पलेट उपलब्ध हे।)

सरपंच – अइसन सुग्घर जानकारी दे बर आप मन ला बहुत-बहुत धन्यवाद।
(ठउंका इही समय नारद चिल्लावत आथे।)

नारद – प्रभु, प्रभु, प्रभु अनर्थ हो गे हे।

यमराज – का बात हे नारद, तैं हा अतेक घबराये हस?

नारद – मसान घाट म भूत मन हड़ताल कर दे हे। आप खुदे चल के देख लेव।

यमराज – चलो, चलो (सबो कलाकार मन चल देथे।)

--00--

दृश्य-चार

स्थान- मशान घाट

समय-रात

(डोकरा अउ जवान भूत मन हाथ म तख्ती धरे हड़ताल म बइठे हे। अलग-अलग तख्ती म अलग-अलग स्लोगन लिखाय हे। (1) हमला मुक्ति चाही। (2) यमलोक के तारा खोलो (3) हम्मन ला न्याय दो। सब झन हो हल्ला करत हो।)

लीडर भूत - यमलोक के तारा खोलो।

सबो भूत - हाय-हाय, हाय-हाय।

लीडर भूत - हमला मुक्ति चाही।

सबो भूत - मुक्ति चाही मुक्ति चाही।

लीडर भूत - हमला न्याय दो, न्याय दो।

सबो भूत - हाँ, हाँ न्याय चाही, न्याय चाही।

लीडर भूत - हमर मांग पूरा करो, पूरा करो।

सबो भूत - पूरा करो, पूरा करो।

लीडर भूत - यमराज मुर्दाबाद, मुर्दाबाद

सबो भूत - मुर्दाबाद, मुर्दाबाद

(उही समें यमराज, चित्रगुप्त अउ नारद पधारथे।)

यमराज - चूप हो जव भई, चूप हो जव। तुंहर मन के का समस्या हे?

लीडर भूत - समस्या तो जबरदस्त हे महराज। यमलोक म तारा लगे हे अउ पृथ्वी लोक म हमर मन बर जघा नइ हे। आपे बताव, हम्मन जावन ते जावन कहां?

यमराज - मोला तुंहर समस्या के जानकारी हे। तुंहर समस्या के निराकरन बर तो पृथ्वी लोक ले आये हवं। ताकि असमय होवइया मृत्यु दर बंद हो जय। मैं तुमन ला आश्वासन देवत हंव की हमर ये अभियान के पूरा होते भार यमलोक के तारा खुल जही। तव तक ले तुमन इहें आराम करौ।

लीडर भूत - धन्यवाद महराज।

यमराज – हम्मन तुंहर गांव जाथन ताकि असमय मृत्यु के कारन पता चल सकै।

लीडर भूत – जी महराज।

यमराज – चित्रगुप्त चलो।

चित्रगुप्त – जी महराज।

नारद – नारायण , नारायण, नारायण...।

--00--

दृश्य-चार (अ)

स्थान- रास्ता

समय- दिन

(चित्रगुप्त अउ यमराज गांव डाहर जावथे। रास्ता म तरिया ला देख के।)

यमराज – अ, हाऽऽऽहाऽऽऽ.....कतेक सुंदर तरिया हे। चित्रगुप्त रेंगत-रेंगत हम्मन बहुत थक गे हन। अउ तन ह पसीना म गीद गीद ले भींग गे हे। ए तरिया म नहाए के मन करत हे।

चित्रगुप्त – ये सोचथों आप?

यमराज – कइसे, कोनो एतराज हे का तोला?

चित्रगुप्त – प्रभु! एतराजे हे, एतराज हे। आप खुदे देखो न, कतेक गंदगी फैले हे एमा। एक डाहर जलकुम्भी ले भरा हे अउ दूसर डाहर मवेशी मन नहाथे।

यमराज – सिरतोन म तेंह निच्चट डरपोकना हस।

चित्रगुप्त – प्रभु! आपके स्वास्थ्य के ख्याल रखना मोर परम धरम आय।

यमराज – मैं यमराज अंव। मोला कुछु नइ होवय। मैं जाथौं तरिया म नहाय बर। (यमराज तरिया म डुबकी लगाथे।)

--00--

दृश्य-पांच

स्थान-मंच

समय-दिन

(मंच म सात-आठ बच्छर के लइका बीमार परे हे। डॉक्टर वोकर इलाज करत हे। तीर म लइका के दाई अउ ददा खड़े हे। अचानक लइका के सांस बंद हो जथे। महतारी लइका के इंतकाल ले चीख-चीख के रोथे। अउ ददा घलो फफक-फफक के रोथे। इही बखत मंच म यमराज अउ चित्रगुप्त के प्रवेश होथे।)

यमराज - (डॉक्टर ले) वत्स, ए दुनों नर-नारी विलाप काबर करत हे?

डॉक्टर - सर! लइका के मौत हो गे हे। इही पाय के एकर दाई-ददा रोवत हे।

चित्रगुप्त - मगर ए असमय मृत्यु के कारण?

डॉक्टर - मलेरिया के बीमारी।

यमराज - (स्वयं के शरीर को खुजाता है।) ए मलेरिया के बीमारी कइसे होथे।

डॉक्टर - भुसड़ी ले सर!

यमराज - चिकित्सक महोदय! ए बीमारी के बारे म कुछु जानकारी देव (यमराज खजवाथे।)

डॉक्टर - गंदा पानी के जमाव ले मलेरिया अउ फाइलेरिया के मच्छर पनपथे ताहन बीमारी फैलथे। अइसन खतरनाक मच्छर के काटे ले ए लइका के मृत्यु होय हे।

यमराज - (खजवावत) येह तो दुख के बात आय।

चित्रगुप्त - हव प्रभु! एह तो चिन्तन के विषय ए। अस्वच्छता ही बीमारी फैलाथे अउ असयम लोगन के मृत्यु होथे।

यमराज - (खजवावत) तेंह बने काहत हस। हमला येला रोके बर परही। लोगन ला स्वास्थ्य ले जुड़े जानकारी दे बर परही।
चिकित्सक महोदय ए शुभ बूता बर हमला सहयोग करे बर परही।

डॉक्टर - यस सर! मोर लइक सेवा बतावव।

यमराज - आप मन जम्मों गांव वाले मन ला सकेलव। तब तक ले मैं दिशा मैदान ले आवत हंव। जल्दी चलौ चित्रगुप्त।

(यमराज पेट पकड़ के उहां ले भागथे। चित्रगुप्त हा ओकर पाछू-पाछू जाथे। ताहन डॉक्टर घलो परदा के पीछू चल देथे।)

दृश्य-छै

(कुछ ग्रामवासी मन मंच म आके बइठथे। पाछू डाहर ले यमराज पेट पकड़ के मंच म आथे। ओकर संग म चित्रगुप्त घलो हे। ओकर हाथ म एक ठन लोटा हे। दूसर डाहर ले डॉक्टर घलो आथे। यमराज एक हाथ म पेट पकड़े हे अउ दूसर हाथ ले खजुवावत हे।)

यमराज - चिकित्सक महोदय मोर स्वास्थ्य ह जरा ठीक नइ लागत हे। इही पाय के आप 'निर्मल ग्राम योजना' के तहत ए ग्रामवासी मन ला स्वास्थ्य सम्बधी जानकारी देवव। तब मोर पेट गुड़गुड़ करत हे। तब तक ले मेंह निपट के आवत हवं।

(यमराज चित्रगुप्त के हाथ ले लोटा ला झटक के परदा के पीछू डाहर भागथे। यमराज के जाय के बाद डॉक्टर ग्रामवासी मन ला जानकारी देथे।)

डॉक्टर - मयारूक माई-बहिनी अउ दाई-ददा मन मोर सौभाग्य आय की आज यमलोक के महाधिपति यमराज जी अउ चित्रगुप्त जी ह मोला ए मौका देहे मैं आप मन ला स्वास्थ्य सम्बंधी कुछ खास जानकारी देववं।

उही समे यमराज लोटा धर के वापस आथे।

डॉक्टर - सबले पहिली बात शौच के बाद अउ भोजन के पहिली साबुन ले बने ढंग ले हाथ ला धोना चाही।

रोज नहाना अउ नाखून ला काटना चाही।

कुड़ा कचरा म हमेशा कचरा के डब्बा म डालना चाही। काबर की एकर ले गंदगी फैलथे अउ मच्छर (भूसड़ी) माछी अउ दूसर कीरा मन घलो गंदगी डाहर झपाथे। खाए पीये के चीज ला ढांक के राखना चाही।

कुंआ अउ घर के तीर-तखार म गंदा पानी के जमाव झन होवन देव। गंदा पानी के जमाव ले मलेरिया के मच्छर पनपथे अउ बीमारी बगरथे।

अशुद्ध अउ दुषित पानी के उपयोग नइ करना चाही। एकर ले किसम-किसम के बीमारी बगरथे।

पूरा गांव साफ सुथरा होय ले बीमारी नइ पनपे अउ सब ग्रामवासी बढ़िया स्वस्थ्य रही।

(उही समे यमराज डॉक्टर के भाषण ला बीच म रोकत कथे।)

यमराज - (खजुवावत) बस, बस चिकित्सक महोदय, बस। आज के ए 'निर्मल ग्राम योजना' ला इही मेर समाप्त करे जाय।

डॉक्टर - फेर काबर सर?

यमराज - अरे, फेर-वेर ला छोड़ो यार। मोर तन के दशा ह कुछ ठीक नइ हे।

(यमराज गांव वाले मन सन गोठ बात करथे।)

यमराज - भाई-बहिनी, दाई-ददा मन सबो झन तुमन अभी अपन-अपन घर जाव। आज के सभा इही मेर खतम होवत हे।

(सबो ग्रामवासी चल देथे।)

चित्रगुप्त - प्रभु! ए सभा बीच म काबर बंद करवा देव।

यमराज - (खजवावत) देखत नइ हस। मोर का हाल हे। दस्त ले हलाकान हंव। खजरी ले परेसान हंव। अउ ठंड ले बेहाल हंव।

चित्रगुप्त - प्रभु जी, आपो उपर पृथ्वी लोक के बीमारी मन हमला कर देहे।

यमराज - अइसने तो महुं ला लगथे।

चित्रगुप्त - चिकित्सक महोदय। धोकिन हमन प्रभु के तन के जांच तो करौ।

डॉक्टर - यस सर!

(डॉक्टर यमराज के जांच करथे।)

डॉक्टर - सर! आप ला ठंड लागत हे का?

यमराज - (खजवावत) बहुत जोर से लागत हे।

डॉक्टर - आप ला मच्छर मन काट ले हे। आप म मलेरिया होय के लक्षण दिखत हे।

(डॉक्टर पेट की जांच करता है।)

डॉक्टर - आप कुछु खाये-पिये रेहेव का?

यमराज - हव। सरपंच घर ब्रेक फास्ट करे रहेव।

डॉक्टर - सर। फेर नास्ता करे के पहिली आप साबुन ले हाथ धोए रेहेव।

यमराज - (खजवावत-खजवावत) हमला हाथ धोए के का जरूरत हे?

डॉक्टर - बस। एकरे सेती तो आप के पेट खराब हे। रही बात आपके खजरी

के बात। कहूं आप दूषित पानी ले नहाए तो नइ हव।

चित्रगुप्त - हव, चिकित्सक महोदय। मोर लाख मना करे के बावजूद घलो मोर प्रभु हा गंदा पानी के तरिया म नहाय हे।

डॉक्टर - इही पाय के तो आप ला खजरी होय हे सर। फिकर झन करौ। चलो जिला अस्पताल म भर्ती कर देयत हंव।

यमराज - (खजवावत-खजवावत) चलव, जल्दी करौ

(यमराज, चित्रगुप्त, अउ डॉक्टर मंच ले प्रस्थान करथे।) (यमराज खजवावत रथे, चित्रगुप्त हा लोटा रखे हे।)

--00--

दृश्य–सात

(मंच म सबो कलाकार उपस्थित हे जेमा सरपंच, सरपंचीन, दुल्हा–दुल्हन अउ गांव के सबो मनखे बिहाव मंडप म उत्सव मनावत हे। बिहाव म आशिर्वाद समारोह चलत हे।) कुछ मन नाचत गावत हे। ए कार्यक्रम म डॉक्टर घलो मौजूद हे। उही समे यमराज अउ चित्रगुप्त मंच म प्रवेश करथे। उनको देख कर सरपंच खुशी से उछल के यमराज अउ चित्रगुप्त के स्वागत करथे।)

सरपंच – आवव महराज आवव। बहुत शुभ मौका म आप पधारे हव। आपके मार्गदर्शन म मोर समस्या हल हो गे हे। मोर घर म शौचालय बनगे तभे तो मोर बेटा के बिहाव घलो होवत हे।

यमराज – वो तो हम देखते हन वत्स। यमराज के बात मनइया हा कभू निराश नइ होवे।

सरपंच – ए सब आपके आशीर्वाद के फल आय प्रभु।

यमराज – ए खुशी के मौका म एक ठन अउ खुशी लाए हंव।

सरपंच – वो का ए प्रभु।

यमराज – तुंहर ए सुग्घर गांव ला सरकार ह 'निर्मल ग्राम पुरस्कार' योजना ले सम्मानित करे हे।

डॉक्टर – ए तो बिक्कट खुशी के बात ए सर।

यमराज – सरपंच अउ डॉक्टर ला गांव वाले मन ला घरो–घर शौचालय बनाए बर प्रेरित करे खातिर प्रेरक के रूप म पुरस्कार दे के घोषणा करे गे हे।

डॉक्टर – सर। ये पुरस्कार ला कोन दिन दे जाही।

चित्रगुप्त – चिकित्सक महोदय आप मन ला जादा इंतजार करे के जरूरत नइ हे। ए पुरस्कार ला हमन संगे म लाय हन। सरकार हम्मन ला प्रतिनिधि के रूप म भेजे हे। (ए पुरस्कार माननीय यमराज जी के हाथ ले दे जाथे।)

उही समे नेपथ्य ले सारे जहां से अच्छा छत्तीसगढ़ हमरा गीत हा बजथे। यमराज अपन हाथ ले सरपंच अउ डॉक्टर ला पुरस्कार देथे। सब कलाकार खुश हे। सब झन मिल के गाना गाथे। गाना के समाप्ति के संग परदा गिरथे।

--00--

(छत्तीसगढ़ी नाटक)

सोनबती

दृश्य-एक

स्थान-परछी

समय-दिन

(सोनबती परछी म खाय बर बइठे हे। ओकर बहू सोहद्रा ह बटकी म बासी अउ कटोरी म नून ला अपन सास ला खाय बर पोरसथे। सोनबती हा बटकी म बासी खाय बर धरथे त ओमे दुए चार दाना सीथा मिलथे। सीथा ला रपोटत-रपोटत)

सोनबती - बहु, बटकी म तो एको कौंरा सीथा नइ हे य। का दे हस ते दई।

फगुवा - दे देना दाई, बने बटकी भर, डोकरी दाई ला खाय बर।

सोहद्रा - चुप रे फगुवा, तोर बबा भर दे हे का रे?

थनवार - ए बहू, तोर मुहु ह टूट गे हे का? हमरे बिलई अउ हमी ला आँखी देखाथस।

(धन्नू ओतके बेर आथे)

धन्नू - ददा, काकर बिलई कोन ला आंखी देखाथे ग?

थनवार - बहू ला पूछ।

धन्नू - का होगे सोहद्रा?

सोहद्रा - का होगे काहत हस? तोर दाई ला बटकी भर बासी दे रेहेंव, मार गोंह गोंह ले खा-बोज लीस अउ पसिया भर ला दे हे काहत हे। (सोहद्रा रोए ला धर लेथे) मोर करम फूटगे दाई वो ए हें हेंऽऽऽऽ

धन्नू- काबर लबारी मारथस दाई, पेट ह नइ भरे रीहिस ते दुसरइया अऊ नइ मांग लेते।

सोनबती - नइ मांग पायेंव बेटा मोर सन गलती होगे।

(सोनबती अपन आंसू ला पोंसथे।)

--00--

दृश्य-दो

स्थान-कुरिया

समय-दिन

(सोनबती अउ थनवार सुख-दुख बांटत हे, सोनबती के आंखी ले आँसू ढरकत हे)

थनवार - आँसू अतेक सस्ता नइहे सोनबती आँसू ला फोकट झन ढार।
(थनवार अपन गमछा ले सोनबती के आंसू ला पोंछथे।)

सोनबती - फेर भूख ह तो माहंगी हे फगुवा के बबा।
(फगुवा थारी म भात धर के आथे, भात ला देख के सोनबती ह हबरस- हबरस खाय ला धर लेथे। ओतके बेर सोहद्रा आथे, खावत भात ला सोनबती ले झटकथे अउ फगुवा ला चेचकार के लेग जथे।)

फगुवा - दाई, डोकरी दाई ला पेट भर खाना काबर नइ देवस।

सोहद्रा - जादा खाही त तबियत खराब नइ हो जही। अब एती तेंहा इमन ला खाय बोजे बर देबे ते तोला लांघन टांग दुहु समझे।

--00--

दृश्य-तीन

स्थान-घर

समय-दिन

(देवारी के दिन धन्नु अउ सोहद्रा ह नवा-नवा कपड़ा पहिर के फगुवा ला घलो कहिथे)

(बेक ग्राउंड ले राऊत मन के दोहा पारे के अवाज हं आथे।)

धन्नू - चल रे फगुवा, गोवर्धन खुंदाय बर। राऊत मन निकल गे हे तइसे लागत हे।

सोहद्रा - चल ना रे जल्दी। फटाका ला बने धर लेबे।

फगुवा - आवाथवं न दाई...।

(फगुवा नवा कपड़ा पहिर के फटाका ला धर के निकलथे।)

फगुवा - चलो, चलो

(सोनबती अउ थनवार परछी म बइठे हे, फगुवा उंकर करा जा के।)

फगुवा - तुमन काबर नवा कपड़ा नइ पहिरे हव?

सोहद्रा - बड़ा मया वाले अस त तोर ला हेर के दे दे।

फगुवा- काबर दाई? का सियान मन बर देवारी नइ होय।

थनवार - सियान मन बर देवारी, देवारी नोहे रे फगुवा। देवारी के अंजोरी घलो अंधियारी म बदल जथे।

फगुवा - मोला कुछु समझ म नइ आत हे बबा।

थनवार - बड़े बाढ़बे ताहन तोला सब समझ म आ जही बेटा।

सोहद्रा - (खिसिया के) चल ना रे फगुवा। ऐती तुंहर अंधियारी अंजोरी के चक्कर म गोवर्धन खुंदाय बर अंधियारी हो जही।

सोनबती - जा बेटा जा, हमरो मन के सेती फटाका फोर लेबे।

--00--

दृश्य-चार

स्थान-घर

समय-दिन

(थनवार अऊ सोनबती एके जघा बइठ के सुख दुख गोठियाथे)

थनवार - आज धन्नू हा फगुवा ला कतेक मया करथे सोनबती।

सोनबती - ता का हम्मन नइ करत रेहेन का?

थनवार - करत रेहेन सोनबती, करत रेहेन....। जब धन्नू रोए त....

(सोनबती अउ थनवार ला बीते दिन के सुरता आथे।)

(सोनबती हा धन्नू के आवाज ला सुन के दउंड़ के पा के)

सोनबती - अरे, अरे.....मोर कुदंरू करेला रे....चुप-चुप-चुप

(सोनबती हा धन्नू ला पियाय बर धर लेथे)

(सोनबती अउ थनवार फेर अपन वर्तमान स्थिति म आ जथे।)

थनवार - सुरहोती के दिन तेंह धन्नू ला नवा कपड़ा पहिरा के ओकर हाथ ला धर के सुरसुरी बरवास।

सोनबती - कतेक मजा आवय ना....

थनवार - वो समय देवारी के दिया म तोर चेहरा ह चंदा कस चमकत राहय।

(सोनबती खलखला के हांसथे)

थनवार - तोर हंसइ हा तो मोला बइहा बना देथे सोनबती

सोनबती - (लजा के) चल हट। डोकरा होगे हस फेर तोर मेछरई नइ गे हे।

थनवार - अइसने हांसत रेहे कर सोनबती।

सोनबती - फेर जिनगी हा कहां ले हांसन देथे जोड़ी।

थनवार - चाहबे ते काबर हासन नइ दिही। जिनगी ह तोर आय।

सोनबती - हव जोड़ी जिनगी तो मोर ए तभे तो अब दुख पीये के आदत परगे हे।

थनवार - तभे तो कहिथंव दुख म घलो हांसे के आदत डार ले वो।

--00--

दृश्य-पांच

स्थान-घर

समय-रात

(धन्नू अउ सोहद्रा हा नाचा देखे बर जाय बर स्वेटर पहिरत हे। साल ओढ़त हे ओतके बेर फगुवा आथे)

(धन्नू फगुवा ला साल देवत)

धन्नू - अरे फगुवा जल्दी ए साल ला ओढ़ ताहन नाचा देखे बर जाबोन।

फगुवा - ददा, मोला नाचा देखे बर नइ जाना हे।

(साल ला धर के जाय ला धरथे)

सोहद्रा - अरे, साल ला धर के कहां जाथस?

फगुवा - डोकरी दाई ला दे बर जावत हंव, जाड़ म कांपत हे।

(सोहद्रा साल ला झटक के खुदे ओढ़ लेथे।)

सोहद्रा - अरे तोला नी ओढ़ना हे त झन ओढ़, डोकरी ला ओढ़ाय के का जरूरत हे?

फगुवा - काबर दाई?

सोहद्रा - साल के गर्मी ले डोकरी मर जही त।

(थनवार हा सोहद्रा के बात ला सुन डरथे।)

थनवार - हव बहू, सियान मन साल के गर्मी ले मर जइगे।

धन्नू - (खिसियावत) का ददा सोहद्रा हा जब-जब तुंहर भला बर मरथे तब-तब तुंहर नजर म बदमास बनथे।

थनवार - गलती होगे बेटा, बदमास ओह नइहे हम्मन हन। जाव नाचा देखे बर....।

--00--

दृश्य-छै

स्थान-गांव के चौपाल

समय-रात

(मंच म नाचा के सुरूवात होथे परी नाचथे। परी के नाचे के बाद गम्मत पार बजथे। ताहन गम्मत सुरू होथे। मंच म डोकरी ह खोक-खोक करत सरकी म सुते हे। समारू हा आ के डोकरी के हाथ ला छूथे।)

समारू - अरे तोला तो बहुत बुखार हे।

जानकी - हव जोड़ी। अब तो मेंह नइ बाचहूं तइसे लागत हे।

(डोकरी के हालत ला सुन के पारा परोस के मन घलो सेकला जथे। बहू बेटा घलो आ जथे। सबके चेहरा उतरे रथे।)

प्यारेलाल - ए वो दुलारी।

दुलारी - का ए

प्यारेलाल - दाई ला खीर बहुत पसंद हे, जा तो खीर बना। जाए के पहिली ओकर मुहुं ला मीठा कर देथन।

दुलारी - हव।

(दुलारी उहां ले चले जाथे।)

अमोली - अब तो जानकी भउजी के आंखी म चंदरमा लगगे हे। पान परसाद खवा दव।

(समारू पान परसाद खवाथे, ओ मेर सेकलाए लोगन मन घलो जानकी ला गंगा जल पियाथे।)

प्यारे लाल - (चिल्ला के) कइसे दुलारी, का तोर खीर हा दाई मर जही तब बनही का? जल्दी लान।

दुलारी - हव लावत हंव।

(दुलारी खीर ला धर के लानथे)

(प्यारेलाल अउ दुलारी हा जानकी ला खीर खवाय ला धरथें ओइसने म समारू भड़क जथे।)

समारू - अब खीर खवाए के का फायदा दुलारी। जब जानकी हा खाय बर मांगे तब तो लांघन टांग देवत रेहेव। अब तुमन ला खीर खवाए के कोनो जरूरत नइहे।

प्यारेलाल - मेंह गंगा जल पिया देथौं ददा।

समारू - अरे, जब जानकी ह पानी मांगे तब तो पानी नइ देवत रेहेव। अब गंगा जल पियाय के कोनो अधिकार नइ हे।

(ठउंका ओतने बेर जानकी हा आंखी ला नटेर देथे। रोहा-राही पर जथे।)

प्यारेलाल - (बोल-बोल के रोवत हे।) तोला तीरथ बरत कराहूं केहे रेहेंव दाई फेर तोर भाग म नइ रिहिसे दाई...। अब तोर हाड़ा ला गंगा लेगहूं दाईऽऽऽऽ

समारू - (तनतनावत) वाह बेटा वाह- जीयत जीयत तो राजिम नइ लेग सके अउ अब ओला गंगा लेग हूं काहत हस। अब गंगा लेगे के कोनो जरूरत नइहे।

तोर दाई के इलाज पानी ले तोर बाई के झूमका जादा जरूरी रिहिसे आज तोर दाई के इलाज कराय रहिते ते ओह अभी आंखी ला नइ मूंदे रहितीस।

प्यारेलाल - दुलारी पिताम्बरी ला लान तो वो- दाई ला ओढ़ा देथन।

समारू - अच्छा त पहिलीच ले पिताम्बरी के तइयारी कर डरे हव। तुमन ला अब पिताम्बरी ओढ़ाय के कोनो जरूरत नइहे।

प्यारेलाल - काबर ददा?

समारू - अरे जब तोर दाई हा जाड़ म कांपत रिहिसे तब तो ओला साल चद्दर नइ ओढ़ा सकेव। गर्मी म मर जही काहत रेहे। अब मरे के बाद पिताम्बरी ओढ़ाय के का मतलब? ए पिताम्बरी ला मोला ओढ़ा दे बेटा अब महूं ला जिये के संउख नइहे।

प्यारेलाल - मोला माफी दे दे ददा, माफी दे दे, गलती होगे।

(केमरा धन्नू सोहद्रा अउ फगुवा ला पकड़थे।)

फगुवा-ददा! ए गम्मत तो हमर घर ले मिलथे जुलथे।

धन्नू - चल सोहद्रा चल, दाई ददा ला घर म छोड़ के आए हन।

सोहद्रा - चलो, चलो मोरो आंखी फरकत हे।

(तीनों उहां ले चल देथे।)

दृश्य-सात

स्थान-घर

समय-बिहनिया

(धन्नू सोहद्रा अउ फगुवा हा घर पहुंचथे। थनवार हा रोवत बइठे हे। अपन बेटा बहू अउ नाती ला देख के)

थनवार - नाचा सिरागे बेटा

धन्नू - हव ददा।

थनवार - तोर दाई के नाचा घलो सिरागे बेटा।
हम्मन ला छोड़ के चल दिस बेटा चल दिस।

फगुवा - नाचा तो सिरतोन होगे ददा।
(सब झन दुख म फफक-फफक के रोथे।)

--00--

(छत्तीसगढ़ी नाटक)

हमला का करना हे

हमला का करना हे

(गम्मत शैली म)

मंच म बाजा पेटी वाले बजनिया मन सुर मिलावत बइठे हे।

'परी' हा मंच म छम्मक, छम्मक आथे। बाजा पेटी के पांव पर के सुर मिलाथे। आऽऽऽ आऽऽऽ आऽऽऽ...

सरसती ने स्वर दिए, गुरू ने दिए गियान।
माता पिता ने जनम दिए, रूप दिए भगवान।।

परी ओकर बाद गीत गा के झूम-झूम के नाचथे-

जंगल जंगल झाड़ी-झाड़ी खोजेंव संवरिया ला।
जंगल जंगल झाड़ी-झाड़ी खोजेंव संवरिया ला।।

(जोक्कड़ आय के धुन बाजथे...। परी बजनिया मन करा बइठ जाथे...। जोक्कड़ मन के मंच म प्रवेश...। दोनो जोक्कड़ राग अलापते...)

हांऽऽऽ हांऽऽऽ हांऽऽऽ...

ओचकु - सदा भवानी दाहिनी की सनमुख गौरी गनेस
पांच देव मिल रक्छा करे, ब्रम्हा बिस्नु, महेस।

बोचकु - ओचकु भाई रे

ओचकु - हव भाई रे

बोचकु - भगवान के सुमरनी करके महूं एक ठन साखी सुनावत हंव भाई

ओचकु - सुना भाई सुना

बोचकु - "नगर निगम के दाहिनी, स्वास्थ्य सफाई टैक्स पांच देव मिल रक्छा करे, पानी पर्यावरण समेत"
लखन सिया राम चन्द्र की जय

ओचके - वाह भाई वाह.....। स्वास्थ्य, सफाई, टैक्स, पानी अउ पर्यावरन हा भगवान बरोबर अवतरही ते हमर निगम हा स्वर्ग बन जही भइया।

बोचकु - हव भइया।

ओचकु - स्वर्ग के सुख भोगे बर मोर सवाल के उत्तर दे ला परही।

बोचकु - पुछ ना पुछ

ओचकु - "तरी शीशा उपर शीशा, मारे बीता-बीता। तीन भांवर कान ला अइठे पढ ले रमायेन गीता।।

बोचकु – अइसने म पिटवाबे का जी, आंय-बांय गोठिया के।
ओचकु – बता ना काए ते?
बोचकु – तिंही बता ना काए तेला?
ओचकु – गियास ए तेला नइ जानस। लफर लफर मारे भर ला जाने हस।
बोचकु – गियास कइसे ए, तेला बता तो। बड़ा हुशियार चंद अस ते।
ओचकु – गियास में तरी शीशा अउ उपर शीशा रथे।
बोचकु – फेर ए बीता-बीता भर का ए?
ओचकु – बीता-बीता, भर तान-तान के हवा भरथन नहीं।
बोचकु – ए तो ठीक हे फेर तीन भांवर कान ला अंइठे का ए?
ओचकु – तीन भांवर कान ल अइंठे के ए मतलब होथे रे भाई, बुगबुग करे बर तीन घांव ले अइठन ताहन गियास ह जगजग ले अंजोर करथे।
बोचकु – अरे दासड़ा रे, आज के जमाना म तोला गियास बत्ती सुझे हे, बिजली बत्ती के जमाना म।
ओचकु – बिजली बत्ती के जमाना म तो हमर गली कुलुप अंधियार हे।
बोचकु – वो कइसे?
ओचकु – स्ट्रीट लाइट फ्यूज हो गे हे तेह। ओ दिन उही मेर एक्सीडेंट होगे रिंहिस
बोचकु – वोह कइसे?
ओचकु – सड़क म भइंसी बइठे रिहिसे, तेमा फटफटी वाले ह झपागे रिहिसे, बिचारा के मुड़ीकान फूटगे रिहिस।
बोचकु – तेंह ए बता भइंसी ह रात में घर म बांधे के ते लवारिस सड़क म छोड़े के।
ओचकु – घर म बांधे के, तभो ले बिजली ह फ्यूज नइ होय रहितीस ते एक्सीडेंट नइ होय रहितीस।
बोचकु – बिजली लगाना काकर काम ए?
ओचकु – निगम के काम ए।
बोचकु – शिकायत करना काकर काम ए?
ओचकु – हमर काम ए।
बोचकु – त निगम ऑफिस जा के शिकायत करे हस?
ओचकु– हमला का करना हे, वो तो पार्षद के काम ए।

बोचकु – हमला का करना हे नहीं, हमला करना हे शिकायत, तब तो निगम के कर्मचारी हा आ के बिजली बत्ती लगाही।
मोहल्ला के विकास पार्षद, अधिकारी अउ कर्मचारी के संगे संग हमरो जिम्मेदारी ए। नान-नान बात बर इमन ला गारी-गल्ला देवई हा समस्यिा के समाधान नोहे।

ओचकु – आजे जाथंव भइया स्ट्रीट लाइट के शिकायत करे बर, नहीं ते रतिहा फेर एक्सीडेंट हो जही।

बोचकु – राह-राह मोरो सवाल के जवाब दे ले ताहन जाबे।

ओचकु – ले पुछ का सवाल ए ते?

बोचकु – (नचकार राग अलाप के साखी पढ़थे।)

हांऽऽऽ हांऽऽऽ हांऽऽऽ...

आगु आगु तैं चले, पाछू म तोर भाई।

चेंदवा मुड़ के तोर ददा निकले, दांत खिसोरे तोर दाई।

ओचकु – (खिसिया के) तोर दाई दांत खिसोरे।

बोचकु – तोर दाई ला दांत खिसोरे नइ काहत हंव भाई रे।

ओचकु – ता बने-बने बताना काए तेला।

बोचकु – अरे दासड़ा रे । नइ जानस रे, हत रे गोबर चोता कपास ताय रे।

ओचकु – कइसे?

बोचकु – तना हा बाढ़त जाथे ओह तैं अस। पाना-डारा तोर भाई ए। तोर पीछू पीछू जाथे झाड़ के उपर चिक्कन-चिक्कन फर लगथे उही चेदंवा तोर ददा ए। आखरी म पाक के फर हा खड़खड़ ले सुखा के फूटथे उहें ले कपास हा हा दांत खिसोरत दिखथे उही तोर दाई ए।

ओचकु – इही ला पहिली ले नइ बताए रहिते।
(जनाना के एकाएक अलाप सुनई देथे।)

जनाना – (राग अलापत) अई हो होऽऽऽ होऽऽऽ

बोचकु – ओ देख आवथे।

ओचकु – आवन दे, आवन दे

जनाना – अई होऽऽऽ

"नारी बर सफाई सेवा हे दाई,
वो नारी बर सफाई सेवा हे ना।
मानुस मन बर लाखन सेवा हे दाई,
नारी मन बर सफाई सेवा हे ना।

ओचकु – बने केहे भउजी, बने के हे–

(ओचकु अउ बोचकु गाना ल दुहरा के नाचथे जनाना हा घलो परन ताल म लोटा बोहे नाचथे।)

(दर्शक में से एक झन हा रूमाल हला के अपन तीर म बला के रूपिया देथे अउ फरमाईश करथे।)

जनाना – बड़ नीक लागिसे मोला, बुधारू भइया के गोठ य। पासु म बुला के दिस हे, मोला दस के नोट य।
अऊ का किहिसे तेला जानत हस।

बोचकु – का कहिसे भउजी

गिरजा भउजी– अपन तीन–तखार के अउ मोहल्ला के कुड़ा कचरा ला साफ करे बर किहिसे।

बोचकु – कचरा ला साफ नइ करबो त

भउजी –गंदगी–बाढ़ही।

बोचकु – गंदगी ला बाढ़न दे ना, हमला का करना हे? साफ–सफाई करना तो निगम के काम ए।

भउजी – हमला का करना हे नही– हमला करना हे नहीं ते मच्छड़ (भूसड़ी) बाढ़ जही।

बोचकु – बाढ़ही ते बाढ़न दे ना। हमर का जाही।

भउजी – हमर का जाही, कहिके, झन काहि। सब झन के जाही।

बोचकु – कइसे?

भउजी – घरो–घर मलेरिया हो जही।

बोचकु – अकेल्ला मोहल्ला के कचरा ला कइसे साफ करहूं।

भउजी – अपन तीर–तखार के ला तो साफ–कर सकथन।

बोचकु – मुहल्ला भर के सफाई ला कइसे करबोन।

भउजी – जब पारा म रमायेन मण्डली, जस मण्डली बन सकथे त सफाई मण्डली काबर नइ बन सके।

ओचकु – बने हित के बात करे भउजी। हमर पारा म आजे ले 'सफाई मण्डली' के गठन करंहू।

बोचकु – त कचरा के सफाई करे म लाज नइ लागही।

गिरजा भउजी– जब राष्ट्रपिता महात्मा गांधी जी ला साफ– सफाई करे म लाज नइ अइस त हमला काबर सरम आही? हमला मलेरिया ले मुक्ति पाय बर अंग्रेज रूपी गंदगी के सफई करें बर परही।

बोचकु – बने काहत हे भउजी ह। आज ले अपन मोहल्ला के साफ–सफाई करके देस ला मलेरिया ले सुतन्त्र कराबोन।

ओचकु – हव भइया

भउजी – मोंजरा देवइया हा का किहिसे तेला जानत हस।

बोचकु – का कहिसे?

भउजी – (गाना गा के नाचथे) लागे रहिथे दीवाना सफाई बर मोरो मन लागे रहिथे।

(नाचत नाचत ओचकु हा बोरिंग बन जथे। बोचकु हा ओचकु (बोरिंग)) ला फटर–फटर ओंटथे। बोचकु पछीना–पछीना हो जथे।)

बोचकु – (हक खा के) अतेक बेर ले पानी नइ निकलत हे? नाव धराय हे बोरिंगदास 'पानी न कांजी'। मोर बस चलतीस ते उखान के फेंक देतेंव– 'धरती गरू ला'

ओचकु – रट्ट ले बोचकु ला पिटथे।

बोचकु – अरे दासड़ा रे, ते कोन अस?

ओचकु – में बोरिंग के आत्मा अंव।

बोचकु – मोला रट्ट ले काबर पीटे?

ओचकु – मोर उपर अत्याचार करबे त तोला नइ पीटहूं त का तोर आरती उतारहूं। हेण्डील ला खटर–खटर ओंट के मोला खटारा कर देस। पूरा शरीर ढिल्ला होगे, तोर मारे अब मोर हाथ गोड़ के कोन जतन करही?

तिंही बता – (ए दाई वोऽऽऽ...)

बोचकु – त में का करौ?

ओचकु – जब मेंह पीरा के मारे खटर–खटर चिल्लावत हंव त एक सुतई

गिरीस ला दवई बरोबर नइ पिया सकते?

बोचकु – 'हमला का करना हे?'' ए ह तो नगर निगम के काम ए।

ओचकु – अच्छा गिरीस डरई हा नगर निगम के काम ए त अभी पियास कोन मरत हे?

बोचकु – में ह

ओचकु – पानी कोन ला चाही?

बोचकु – मोला।

ओचकु – त बोरिंग के देख देख कोन ला करना चाही?

बोचकु – मोला।

ओचकु – समझ म आगे ना–तें एकाद घांव अऊ हकरांव।

बोचकु –नहीं मोर देवता। फेर ए बता अतेक बेर के तोला ओटेंव फेर ओको बुंद पानी काबर नइ निकालेस? तोला केमिकल लोचा तो नइ हो गे हे?

ओचकु – मोला केमिकल लोचा नइ होय हे सरकिट। खींचत भर खींचत रेहेंव फेर अब मोर अधिकार क्षेत्र ले बाहिर होगे हे पानी हा आयेच्च नइ लगत हे, कहां मुड़ा गे हे.....

गिरजा भउजी– कइसे बोचकु, बोरिंग टेड़त–टेड़त तोर तन ले तर–तर, तर–तर पछीना चुचवागे फेर एको बूंद पानी नइ चुहिस। अब पानी भरे बर कहां जावं?

बोचकु – का दुख ला बताबे भउजी।

भउजी – फेर का होगे?

बोचकु – बोरिंग कथे, मैं अब मैं पानी नइ निकाल सकौं। पानी ह अब अपन अधिकार क्षेत्र ले बाहिर होगे हे काहत हे। मोला समझ नी आत हे।

भउजी – फेर मोला तो समझ म आवत हे।

बोचकु – बता ना भउजी, बता ना। तोला समझ म आवत हे ते

भउजी – भुइंया म जल स्तर ह खाल्हे उतर गे हे। त बोरिंग ह कहां ले पानी निकालही।

बोचकु – अइसन म तो भारी तकलीफ हो जही भउजी।

भउजी – हो जही नहीं, हो गे हे। अब तो पानी ला बिसा के पिये बर परत हे। एती नहाए खाय बर घलो बिसाय बर परही तब पता चलही तुंहला पानी के कीमत हा।

बोचकु – अरे दासड़ा रे।

भउजी – एक ठन बात पुछंव बोचकु।

बोचकु – पुछ ना भउजी, पूछ ना।

भउजी – तोर मन कइसे लागे बोचकु

पानी के बिना तोर मन कइसे लागे

पानी बोहाए नाली म धारें धार

तैंह पानी ला बचाए बर नइ करे ग बिचार

तोर मन कइसे लागे

तोर मन कइसे लागे बोचकु पानी के बिना तोर मन कइसे लागे

बोचकु – ता पानी ला बचाए बर का उपाय करे बर परही भउजी?

गिरजा भउजी– पानी बचाए बर अपन हो के घरो–घर सोक पीट बनाए बर परही।

बोचकु – सोक पीट ले का होही।

भउजी – सोक पीट के माध्यम ले पानी हा भुइंया म जा के जमा होही। एकर ले जल स्तर हा ऊपर आही।

बोचकु – जल स्तर के उपर आए ले हमला का फायदा हे?

भउजी – फायदाच– फायदा हे। बोरिंग ला जभे ओंटबे तभे ओकर जटा ले गंगा निकलही।

बोचकु – एकर बर तो भागीरथ कस तपसिया करे बर परही।

भउजी – भागीरथ कस तपसिया करे के जरूरत नइहे बल्कि सोक पिट बनाए के जरूरत हे।

बोचकु – पहिली ले सोकपीट बनवाए रहितेंव ते पानी बर अतेक तकलीफ ला नइ पाए रहितेन। मोर परिवार तर हो जय रहितीस।

भउजी – फेर मेंह कइसे तरहूं बोचकु?

बोचकु – फेर का होगे भउजी?

भउजी – मोला तो तोर भइया हा दोहन डरही बोचकु।

बोचकु – काबर भउजी?

भउजी – घर म पानी नइहे। कामे भात रांधहूं अउ काला पिये बर दुहूँ?

बोचकु – अब तो पानी बिना जग अंधियार लागत हे भउजी

भउजी – (गीद गाथे)

पति बिना जग लागे सुन्ना य नइ भावै मोला
सोना चांदी महल अटारी

बोचकु – अइसन नइ काहै भउजी

गिरजा भउजी– त कइसे कहिथे?

बोचकु – पानी बिना जग लागे सुन्ना य नइ भावै मोला सोना चांदी महल अटारी।

पतिच रेहे ले का होही भउजी।

पानिच नइ रही ता घर गिरहस्थी ला पानी बिना कइसे चलाबोन?

भउजी – बने काहत हस बोचकु, बने कहात हस।

(संवाद के चलते-चलत ओचकु ह पेड़ बन जथे।)

(ओचकु (पेड़) ला बोचकु कांटे बर धर लेथे।)

फाग गीत म सब रमे रमे
मन हर लियो हो, मन हर लियो हो
छोटे से श्याम कन्हैया हांऽऽऽऽ

ओचकु – मोला झन कांट बोचकु

बोचकु – काबर नइ काटंव

भउजी – (गीद गाथे)

ए बोचकु नइ जाने रे नइ जाने
का होही रूख राई कांटे ले
हवा पानी बर तरसत रहि जबे
फल-फूल बर सुर्रत रहि जबे
भात साग के बदला म तैंहा झोरा झोरा दवई खाबे रे
ए बोचकु नइ जाने रे नइ जाने, का होही रूख रोई कांटे ले

बोचकु – फेर का होगे भउजी

भउजी – रूख ला काबर काटत हस बोचकु

बोचकु – तोला का करना हे भउजी, एला तो निगम लगाय हे।

भउजी – हमला करना हे बोचकु अउ तहुं ला करना हे। पेड़ के काटे ले शुद्ध हवा नइ मिल पाही, बरसा कम होही। फल-फूल बर तरस जाबे। सहर के सुन्दरता कम हो जही। जब पेड़ ठुठवा हो जही ताहन हमर जिनगी घलो ठुठवा हो जही।

बोचकु – त का पेड़ लगाए बर परही?

गिरजा भउजी – हव बोचकु। पेड़ लगा के पुन्न कमा सकथस। मान ले पेड़ नइ लगा सकस त कोई बात नहीं, फेर निगम के लगाय पेड़ ला काटव न काटन दव।

बोचकु – काली ले न काटव न काटन दंव भउजी।

भउजी – काली ले काबर आज ले काबर नहीं।

काल करै सो आज कर, आज करै सो अब।
पल में परलय होत हे, बहुरी करोगे कब।।

बोचकु – ले आज ले नइ काटव भउजी।
(कहिके टंगिया ला फेंक देथे।)

भउजी – आखिर पेड़ ला काबर काटत रेहे बोचकु?

बोचकु – होलिका जलाए बर।

भउजी – का अपन लोग लइका ला काट के होलिका जला सकथव?

बोचकु – कइसे गोठियाथस भउजी?

भउजी – रूख राई हा हमर बेटी-बेटा बरोबर आय बोचकु।

बोचकु – मोर आंखी ला खोल देस भउजी। ता तिहीं बता- होलिका जलाए बर कइसे करबोन?

भउजी – जलाना हे त अपन अंतस के होलिका ला जलावव। जीयत रूख ला काट के झन जलावव।

बोचकु – बने काहत हस भउजी, निगम के सबो वार्ड में तोरे कस गिरजा भउजी हा जन जागरन अभियान चलाही ते हमर सहर ह स्वर्ग ले सुंदर हो सकथे।

भउजी – (सब झन ला) चलव सबो झन मिल के अपन वार्ड ला स्वर्ग ले सुंदर बनाए बर किरिया खावन।
(सब झन किरिया खाथे)

भउजी – आज ले स्वच्छ, स्वस्थ्य, वृक्षारोपण, जल संग्रहण अउ बढ़िया पर्यावरण वाले सुग्घर नगर निगम बनाए बर अपन जिम्मेदारी ला निभाबोन।
(गिरजा भउजी पढ़थे एला जम्मो नागरिक दुहरा के

किरिया खाथे)

(सब कलाकार मिल के गाना गाथे।)

झूपत झूपत आहू तूमन
झूपत झूपत आहू हो
पांचो झन जुलमिल के झूपत आहू हो
सफाई ला करके हम्मन बीमारी ला भगइगें
टेक्स पटा के अपन जिम्मेदारी ला निभइगें
सोक पिट बना के पानी ला बचइगें
रूख राई के जतन करके शहर ला हरियइगें
दिन रात हम्मन तुंहर आरती उतारबोन हो
झूपत झूपत आहू तुमन
झूपत झूपत आहू हो
पांचो झन जुल मिल के झूपत आहू हो-

--00--

(छत्तीसगढ़ी नाटक)

मंथरा

दृश्य-एक

तीन चार बजे बेरा के ढरकती, कछार म बरदी चरत रथे। पहाटिया सोहई गांथत रथे। गोबरहिन मन गोबर बीनत रहिथे। बरदिहा हा अलगोजवा मा सुआ गीद के अलाप निकालथे- तरी हरि नाहना मोर नाहा नरि नाना ना रे सुआ हो कि तिरिया जनम झन दे....

बेरा के ढरकती अलगोजवा के मधुर स्वर संग बरदी धुर्रा उड़ावत गांव डाहर जाथे........

गांव के बीच मा जइसे बरदी पहुंचथे..........
ओइसने पहाटिया दोहा पारथे.......
अरे रे भाई रे.........
राजा मानय दसराहा रे भइया
परजा के फागुन तिहार रे...
आये देवारी राऊत के रे संगी
उड़ाये धुआंधार रे......

गाय गरूआ मन अपन अपन गोसइया घर ओइल जथे। पहाटिया मन घलो अपन-अपन घर चल देथे।

--00--

दृश्य-दो

समय-सबेरे सात आठ बजे

पहाटनीन मही बिलो के लेवना निकालथे। लेवना चूरो के घी निकालथे। गांव के किसान अपन-अपन गाय गरू ला दइहान मा लेगत रथे। पहाटिया हा नोई धर के घर-घर दुध दुहे बर जाथे। (एक हाथ मा नोई अऊ दूसर हाथ मा अकोड़ा वाले छोटे दुध लाने के डब्बा धरे रथे। कोनो ना कोनो घर बरवाही रथे इही डब्बा मा दुध ला धर के लानथे।)

पहाटनीन बगोनिया भर मही ला मूड़ी मा बोह के बेंचे बर दूसर गांव जाय बर निकलथे।

(एक हाथ मा बगोनिया थामे अउ दूसर हाथ मा डब्बा धरे हे, जेमा दुध भराय हे)

(मही बेचे बर दूसर गांव जाय बर एक गली ले महीवाली निकलथे अऊ दूसर गली ले दूधवाली दुध बेचे बर निकलथे। गांव के बाहिर दूनों के भेंट हो जथे। गोठियावत गोठियावत आगु डाहर बढ़थे।)

दुधवाली -(पहाटनीन डाहर ला देख के) अई हाय बड़ सुग्घर दिखत हे या

पहाटनीन - का हा या?

दूधवाली - तोर रूपिया हा।

पहाटनीन - (खुश हो के) हव या काली तो बिसाए हवं।

दूधवाली - तेकर ले तो हमर घ झोलटू ला थोरको नइ लागे।

पहाटनीन - का हा नी लागे या?

दूधवाली - देख ना बहिनी, बिहाव होय नौ दस साल बीतगे फेर एको ठन माला मूंदी ला नी जानीस?

पहाटनीन हमरो घर के हा थोरे पहिराए हे, एला तो मैं सकेल के पहिरे हंव।

दुधवाली - ता कइसे सकेलथस या हमु ला बताबे।

पहाटनीन - (डबरा करा बगोनिया ला उतार के) ले तहूं उतार इही मेर।

(दूधवाली घलू अपन दूध के बड़े डब्बा या बगोनिया ला उतारथे।)

(पहाटनीन हा डबरा के पानी ला चार पांच पसर मिलाथे।)

दुधवाली - तें कइसे करथस या?

पहाटनीन – हां...तहूं हा अइसने करबे त तो गहना गुरिया मा लदाबे? कोनो दूध मही मा सोना चांदी आही?

दूधवाली – अई हाय! ठऊंका बताय बहिनी।

(दूधवाली घलू लोभ म आके डबरा के पानी ला डर्रावत-डर्रावत दू तीन पसर लकर धकर डार पाथे।

इंकर पानी मिलई ला देख के दरोगा हा अपन धनहा ले खखारथे। सून के पहाटनीन अऊ दूधवाली देख डरीस तइसे लागथे या दरोगा हा... कहिके धरा पसरा सुटूर सुटूर रेंग देथे। पहाटनीन अऊ दुधवाली अलग अलग गांव बेचे बर चल देथे।

--00--

दृश्य-तीन

गंजी बोह के परबुधनीन हा पानी भरे बर बोरिंग जावत रथे। पीछू-पीछू चलवन्तीन हा घलो हंवला धर के पानी बर जाथे।

चलवन्तीन - ए परबुधनीन दीदी, अई सुन तो वो थोकिन अगोरबे नहीं का? तिहिंच्च हा लोक्खन के पानी भरइया हस।

परबुधनीन - टार बहिनी देरी हो जही त वो रोगहा दरोगा हा बोरिंग मा तारा ठेंस देही। फेर बइठे रहिबो मुंहु ला फार के।

चलवन्तीन - ए गांव मा पानी के बड़ बाय हे दीदी।

परबुधनीन - का करबे एक ठिन लइका अऊ गांव भर के टोनही- भइगे बोरिंग के भरोसा आय। सरकारी कुंआ ह कचरा फेंकई मा घुरूवा बन गे हे?

चलवन्तीन - कोनजनी इहां के पंच-सरपंच मन का करत हे?

परबुधनीन - का करही, गांव के विकास बर पइसा उचावत हे अऊ ढकर-ढकर दारू पियत हे जब ले वो नान्हे दाऊ हा सरपंच बने हे गांव के बिन्द्रा बिनास हो गे हे।

चलवन्तीन - फेर बोलही कोन- बड़े-बड़े हाकिम अफसर मन ओकर संग मिले माझे हे, कथे रे बैरी।

परबुधनीन - अरे ए हाकिम अफसर मन ला घलू जानथन कुकुर हे सब जीहां जूठा पतरी मिलीस ऊहें जुरिया जाथे। ओकरे रद्दा मा एदे पंच सरपंच चलत हे।

चलवन्तीन - बनेच कहिथस परबुधनीन दीदी पउर साल दसेरा मनाबो कहिके, पइसा बरारे रहिन, कतेक बेरा रावन ला मार डारिन तेला नइ जानन।

परबुधनीन - ओइसनेच ताय बहिनी- बारा बजे रात कीन गेन त डिपरा पारा वाले मन मार लसरंग लसरंग कुदत रिहिन न नाच के ठीकाना न गाना में।

चलवन्तीन - चार पइसा के रेडियो ला नइ लगाइन, तेला नइ जानस। वाहा मटेवा वाला नाच लाबो कहिके ढीढोंरा पीटे रहिन।

चलवन्ती अऊ परबुधनीन गोठियावत-गोठियावत बोरिंग करा पहुंच जाथे- जाके देखथे ता बोरिंग मा तारा ठेंसा हे- बोरिंग ला देख के सन्न रहि जाथे परबुधनीन

परबुधनीन - (बोरिंग ला देखके)एद्दे मैं तोला केहे रेहेंव ना वो अपखया दरोगा हा बोरिंग मा तारा ठेस दीही कहिके अऊ वाजिब मा ठेस देहे बाप कस बोरिंग।

चलवन्तीन - हव या जाने सही केहे रेहे। चल तो दरोगा घर जाबो कुची ला लाने बर।

(दुनों झन दरोगा घर जाथे दरोगा रंगीला मिजाज के भारी बेलबेलहा रहिथें)

(दरोगा अपन घर के चौंरा मा बनिहार मन ला बनी बाटत रथे- कोनो ल रूपिया, ता कोनो ला अनाज।)

(दरोगा हा चलवन्तीन अऊ परबुधनीन ल आवत देख)

दरोगा - (ताना देवत) आओ पाके पताल आओ।

चलवन्तीन - (मटमटा के) अभी ले तोला पाके पताल दिखत हन दरोगा- तोर आंखी फूटगे हे का? अभी न हम्मन ला होयेच्च का हे?

दरोगा - तुमन ला तो कुछु नइ होय हे फेर मोला तो कुछ कुछ होगे हे ..मैंहा का करंव

परबुधनीन - आंय बांय झन गोठियाय कर दरोगा, कुची ला लान दे।

दरोगा - बस कुची तुंहर बर तो
जान हाजिर हे जान...एक घांव
मांग के तो देखव

परबुधनीन - तोर जान ला मांग के का करबो

दरोगा - कुकुर के गुह लीपे के ना पोते के

(कुची ला धर के बोरिंग करा जाथे- पानी भरथे अऊ घर डाहर जाथे।)

--00--

दृश्य-चार

(अंगना के दृश्य)

फूलकैना घर राम्हीन (परोसिन) हा जांता मा तिंवरा दरत रथे-

फूलकैना हा रंधनी खोली मा भाजी बघारत रथे-

(फूलकैना के लइका नइ राहे, हिरौंदी के लइका हे, पेट मा अऊ हे)

(हिरौंदी कटोरी मा साग धर के फूलकैना घर अमराए बर जाथे)

हिरौंदी - कस राम्हीन कहाँ हे या? फूलकैना हा दिखत नइये।

राम्हीन - भीतरेच मा हे! कोन जनी काय करत हे ते। (जोर से आ छीं करके छींकथे)

हिरौंदी - का साग रांधत हस या। आ छीं (जोर से)

फूलकैना - आवत हंव, आवत हंव (कहिके फूलकैना जांता करा आ जथे) (राम्हीन हा तिवरा ला टोपली मा जोरत रथे, जोरत-जोरत एकाएक टूई के आवाज आथे, राम्हीन संकोच मरथे आवाज हा जोर से निकलगे कहिके, जेला हिरौंदी अऊ फूलकैना सुन डरीस कही के।)

फूलकैना - का के महक ए या।

हिरौंदी - ओतना ला नी जानस या। काहीं जिनीस के महक हा अपन बर थोरे होथे- ओ तो दुसर बर होथे।
(मुहु ला एकगूं करके- मुंहू नाक ला सकेलत)
अब ए दे देख ले काकर पोटा सरगे ते (राम्हीन लजा जथे) मोर नाक मा सहे नी जात हे- छी बस्सागे (खखार के थूकथे।)
(दार के टूकनी ला धर के राम्हीन अपन घर डाहर जाय बर निकलथे)

फूलकैना - (राम्हीन के सुनऊ) टार रे गुक्खई, मोला फधिता मा डार देबे तइसे लागथे- जानो मानो तंय हा बिना हवा पानी के जीयत हस?
(राम्हीन लजा के अपन घर चल देथे)
(फूलकैना अऊ हिरौंदी राम्हीन के करनी ला देख के खलखला के हांसथे।)

दृश्य-पांच

(सुआ नचइया दल टूकनी में माटी के बने सुग्गी राखके संग मा लकड़ी के बनाये सुआ ला धरे रहिथे जेला सुआ नाचे के बेरा अंगरी मा डोरी के माध्यम ले नचाथे, सुआ नाचे बर माइलोगन मन बने श्रृंगार करे रहिथे, थपरी बजा बजा के सुआ नाचथे, सुआ नचइया दल मा चलवन्तीन परबुधनीन राम्हीन घलू रहिथे)

सुआ गीद गा के नाचथे-

पइंया मय लागत हंव चंदा सुरूज के रे सुअना
तिरिया जनम झन दे, रे सुअना
तिरिया जनम मोर गऊ के बरोबर रे सुअना
जहं पठोवय तहां जाय रे सुअना

(फूलकैना सूपा भर धान देथे, रूपिया पइसा दे के सुआ नचइया टोली के बिदा करथे-)

(एकर बाद सुआ नचइया टोली मन हिरौंदी घर सुआ नाचे बर जाथे-)

चोंच तोर हवय लाली कुंदरू अस रे सुअना
आंखी दिखय मसुरी के दार
जोंधरी के पान सहिं डेना संवारय रे सुअना
सुन लेबे बिनती हमार
सास मोर मानय ननद गारी देवय रे सुअना
राजा मोर गइन बिदेस
लहुरा देवर मोर जनम के बइरी रे सुअना
लेई जाबे तिरिया संदेश

(हिरौंदी सुआ नचइया टोली ला अन्न धन्न दे के बिदा करथे।)

(निर्देशक अपन पसंद के अनुरूप गीद रख सकथे।)

--00--

दृश्य-छै

फूलकैना के लइका पीचका नइहे-हिरौंदी हा लोग लइका वाली ए। अभी अऊ देह मा हे-

हिरौंदी कोंहड़ा के सेवा जतन करत रथे हिरौंदी घर के कोंहड़ा नार हा फूलकैना घर के छानी मा फर जाथे। फर ला देख के हिरौंदी ला गजब खुशी होथे।

हिरौंदी - एसों के देवारी मा खीचरी बर कोंहड़ा बिसाए ला नी लागे दई।
एकाएक महीवाली के आवाज सुनाई देथे। मही ले ले वो मही ले ले मही वाली ला देखे बर हिरौंदी हा मुहाटी मा आथे, हिरौंदी ला देख के महीवाली।

महीवाली - लेना मही नइ लेवस गउटनीन।

हिरौंदी - मही, ओ दिन तो ले रेहेंव, निच्चट टोर्रठ रीहिस हे।

महीवाली - ले उतार
(हिरौंदी अपन दूनों हाथ मा सहारा देथे
तब महीवाली घलू दूनों हाथ म थेम के मही ला उतारथे उतारे के बाद)

हिरौंदी - कइसे का भाव हे या?

महीवाली - का के ?

हिरौंदी - तोर मही के। अऊ का के?

महीवाली - हमर भाव तो तुंहर बर ओतकेच हे। न घटे हे न बढ़े हे।

हिरौंदी - कहाँ ले घटही बढ़ही? नइ जानत हवं तोर चाल ला?

महीवाली - कइसे गोठियाथस गऊटनीन?

हिरौंदी - बने गोठियाथंव। ओ दिन पीये बर पानी मांगे, भीतरी डाहर गेंव ताहन भक ले मही मा डार दे।
(देखा तो चिखन दे तोर मही ला)(हाथ मा मही ला पनचामरित असन चांटथे)

हिरौंदी - ए दरी के, कटकट ले अम्मट हे।
दे दू पाव, दे दे राह।
(महीवाली मही देथे)

हिरौंदी - अई पुरोवस नहीं या?

महीवाली - दे डारे हन डार के- ए ले अऊ (पुरौनी थोकिन अऊ देथे)

(मही ले के बाद हिरौंदी (रूपिया देवत) चिल्हर हवे ते नइ हे –दस के लोट के)

महीवाली – वहू दिन के ला काट लेंव का गऊटनीन

हिरौंदी – तभे तो दस के नोट ला दे हवंव या? (कपड़ा के सिलाये थैली जेला महीवाली कनिहा मा खोंचे रहिथे? थैली ले पइसा निकालत-निकालत लाई लिगरी शुरू हो जथे।)

महीवाली – एक ठन बात बतांवव गउटनीन

हिरौंदी – अई, का बात ए या?

महीवाली – देख दई, कोनो ला बताबे झन
मोला काकरो लाई लिगरी बने नी लागे।

हिरौंदी – अई, का होगे तेमा। का बताए के नोहे।
(अब हिरौंदी के जी हा बात जाने बर चुटपुटाय लगिस)

हिरौंदी – सच बात ला गोठियाय मा काबर डर्राथस।
फेर दई नइ बताना रीहिस हे ता गोठियाथस काबर।

महीवाली – त सून–वोहा काहत रीहिसे।

हिरौंदी – कोन हा या।

महीवाली – उही तोर परोसिन हा ।

हिरौंदी – कोन हा फूलकैना हा या।

महीवाली – अई हव, उही हा उही।

हिरौंदी – का काहत रीहिस हे तेमा।

महीवाली – (एती ओती देख के, कोनो सून झन ले कहिके भाव रहिथे चेहरा मा) तोला तो मइके मा बदनाम हो गे रीहिसे गउटनीन।

हिरौंदी – (आश्चर्य से) मोला । तैं कइसे गोठियाथस रे।

महीवाली – में कहां गोठियाथंव। तोर परोसिन हा गोठियाथस रिहिसे तेला गोठियावत हवं।

हिरौंदी – में तोर चाल ला जानत हंव। हां आगी लगाए बर मरत हस दुखाही तैंहा।
दे पइसा ला अऊ चल तो तोर टोंक ला टार इहां ले।

महीवाली – (मुहु मुरकेट के)- हं- अइसने मन बर केहे हे- भल बर भरे धून टेटरा निकले (ले बोहा- बगोनिया ला बोह के खखुवाय मही वाली ओ मेर ले रेंग देथे।)

दृश्य-सात

गांव में किसान कांवर मा कांदी के बोझा ला लिचिक लिचिक लावत रहिथे। घर बर कांवर मा पानी डोहारत रहिथे। लोहार मन करा हंसिया कुदारी पजावत रहिथे। दरोगा बीड़ी पीयत रथे, बीड़ी ला बूझा के। कान में खोंचथे। अपन घर के मुहाटी मा ढेरा आंटत रथे। मही लेबर गंजी ला तीर मा माढ़ाए रथे। महीवाली के रद्दा जोहत रहिथे।

दरोगा हा महीवाली संग बिजरी असन लागे रहिथे। हांसी ठिठोली चलत रथे। ताना मार के मजा लेवत देवत रहिथे।

मही ले ले वो- मही ले ले - मार कटकट ले अम्मट हे। (मही वाली के आवाज ला सुन के)

दरोगा मने मन गदकत रहिथे।

महीवाली - (दरोगा ला देख के) ए दरोगा?

दरोगा - (राग धर के) कइसे काय खंग गे हे तेमा।

महीवाली - तोर बाई हा मइके ले आगे का? मही दे बर जातेंव ते।

दरोगा - नी आय हे ता का नी जाबे।

महीवाली - तोर ढेचरही गोठ हा आज ले नइ सुधरे हे दरोगा। हां अऊ काबर सुधरही। मोर बर तो बज्र हस।

दरोगा - मैं तोर बर बज्र नइ हवं बल्कि तें हस मोर बर बज्र।
दे मही दे, ओती मछरी मोला जोहत हे।

महीवाली - ले कतना दंव, कटकट ले अम्मट हे।

दरोगा - तोर असन

महीवाली - (मुहुं ला मुरकेटत) ले उतार
(बगोनिया ला उतार के मही देथे)
(आनी बानी के ठेले ला धर लेहस दरोगा)
(दे लान जल्दी पइसा ला)

दरोगा - का के?

महीवाली - मही के अऊ का के?

दरोगा - अच्छा ते ए बता, मही का के बनथे?

महीवाली - दही के।

दरोगा – अऊ दही हा का के बनथे?

महीवाली – दूध ले

दरोगा – दूध कहाँ ले आथे।

महीवाली – गाय ले

दरोगा – गाय हा काला चरथे।

महीवाली – चारा ला।

दरोगा – तोर गाय हा ए पइत काला चरे हे, तेला जानत हस।

महीवाली – काला चरे हे।

दरोगा – ए पइत तोर गाय हा मोर खेत के धान ला चर डरे हे। ओती खेत-खार मा तोर गाय मेछरावत हे अऊ एती गांव गली मा तें मेछरावत हस।

महीवाली – मही बर तोर नीयत गड़गे हे दरोगा।

दरोगा – मही बर नहीं।

महीवाली – त काकर बर?

दरोगा – (भौं चढ़ा के इसारा करत) अऊ काकर बर। पइसा देंव ते ओ दिन डबरा के पानी ला मही मा मिलावत रेहे तेला हल्ला कर देंव का?

महीवाली – पइसा नइ देना हे ते झन दे फेर अइसने अलकरहा झन गोठियाए कर, मोला बने नी लागे(नराजगी देखाथे)

(खिसियाके) चल मही ला बोहा-

दरोगा मही ला बोहाथे ताहन महीवाली मही बेचे बर मही ले ले वो- मही ले-काहत गली के आगु डाहर चल देथे।

--00--

दृश्य-आठ

तरिया मा माइलोगन मन नहावत-खोरत रहिथे। कोनो चुरेना कांचत रहिथे। कोनो चुरा पटा मांजत हे। कोनो दतुन करत हे। ता कोनो गोड़ रगड़त हे।

महि ले ले-मही ले लो वो काहत काहत- मंझनिया महीवाली हा फूलकैना घर बिन बलाय धसर धसर खुसर जथे।

(मंडलीन हा चाऊंर निमारत रथे।)

महीवाली - मंडलीन। मही नइ लेवस का या।

फूलकैना - कालीच त अम्मट साग खाय रेहेन।

महीवाली - त मैं तो काली नइ आए रेहेंव या। ता कहां ले अम्मट खा डरेस।

फूलकैना - त का महिच के अम्मट होथे गोई, आमा अमली के नी होय का?

महीवाली - त आज मही के अम्मट खा ले।

फूलकैना - ले काहत हस ते एक पाव दे दे। फेर अभी पइसा नइ हे।

महीवाली - अई पइसा हा भागत हे का? दे लान बरतन ला? (फूलकैना बरतन लाथे ओमा महीवाली मही देवत देवत अई एक पाव का होही, दू पाव दे दवं।)

पइसा ला तो घलू नी देथस। मार हाही माखी खाहूं।

फूलकैना - ले त। काहत हस त दे दे।

(मही देवत-देवत लाई-लिगरी के सुरूआत करथे।)

महीवाली - कस मंडलीन, परोसीन सन बने गोठ बात हे ते नहीं।

फूलकैना - हव, हवे।

महीवाली - त फेर ओ दुखाही ह तोर चारी निंदा काबर करथे।

महीवाली - काय चारी निंदा ए?

महीवाली - टार दई महूं ला काहत खराप लागथे।

फूलकैना - खराप लागथे त मुहुं ल धो डार ना।

महीवाली - (खांसत, खखारत, एती ओती देख के)

(धीरे से) कोनो सुनत तो नइ हे-

तैंहा करधन पहिरे हस तेला तो तोर भांटो ला देहे कथे या।

फूलकैना - तें कइसे गोठियाथस पहाटनीन- का हम नी ले सकन तेमा- मार गोठियाथस।

महीवाली - (हाथ लमा के) एला में नी गोठियावत हवं मंडलीन तोर परोसिन
हा गोठियावत रीहिसे तेला गोठियावत हंव।

फूलकैना - अऊ तैं परतीत कर लेस आंय। चल तो तोर बगोनिया ला बोह अऊ
तोर मुख ला टार।

महीवाली - (घुस्सा के) ले बोहा दई। मोला फोक्कट डड़इया झूपे के सऊंख
नइ हे मंडलीन। ले जाथन।

(महीवाली अपन घर जाए बर लहुट जथे।)

(बीच के गांव मा हसाही बजार लगे रथे। इहें महीवाली के महापरसाद हा बजार करे बर आय रथे। महिना भर आघु अपन बाबू ला गंवाय रथे। गंवाय उपर ले पहिली मुलाकात। (सीताराम महा परसाद कही दूनों झन लइका के सुरता कर करके भेंट लगाथे। एक झन के गोड़ ला चांटा चाब देथे। रोवई ला छोड़ के चांटा ला गोड़े ले धम्म धम्म मारे बर भीड़ जथे दूनों मितानीन आंसू ला पोसथे।) ताहन सागभाजी अऊ लइका मन बर खजानी बिसा के संझौती घर लहूट जथे।)

संझौती के बेरा, ओती सुरूज नरायेन के बुड़ती अऊ पहाटनीन के एती तुलसी चंवरा मा दीया के जलाती। पहाटिया सोहई ला सुआ रंग, अऊ चुरीरंग मा रंगावत रहिथे।

पहाती माइलोगन मन कातिक नहाए बर तरिया नदिया जाथे। दीपदान करथे संकर भगवान की जय, पारबती मइया की जय।

सबेरे काकरो घर ढेकी मूसर मा धान कुटत हे। ता कोनो मन घर के आघु मा लकड़ी चिरत हे। कोनो बियारा छोलत हे।

काकरो घर छट्टी के दृश्य नाऊ हा दाढ़ी कटींग बनावत हे। चाहा मिक्चर देवत हे। लइका हा रोवत हे। रेडियो मार ददरिया झड़त हे। छुट्टी के खुशी मा निर्देशक चाहे ते ए मेर नाचा, पंडवानी, भरथरी या फिर सांस्कृतिक कार्यक्रम के दृश्य दे सकथे।

--00--

दृश्य–नौ

(मही बेचत बेचत महीवाली फूलकैना घर करा आ के)

महीवाली – ले ना या मंडलीन मही ले ले।

फूलकैनाा – कइसन दिन मा आवत हस वो। तोला देखत देखत जरी घलो सुखागे।

महीवाली – जरी सुखाए हे ते सुखाए हे। जीमीकांदा थोरे सुखाए हे।

फूलकैना – ले ए दरी एके पाव दे दे राहा, मसूर के टाहड़ी बर।

महीवाली – (छानी डाहर देखत) अई छानी मा ओतेक बर कोंहड़ा के राहत ले मसूर के टाहरी रांधबे, ले दई जल्दी टोर ताहन एकाद साग के महूं ला देबे।

फूलकैना – अई हमर कोंहड़ा रहितीस ते काबर नइ देतेंव ओहा तो हिरौंदी घर के आय।

महीवाली – तेंहा कइसे गोठियाथस मंडलीन । तुंहर छानी मा फरे हे त तुंहर नइ होही ता का उंकर होही।

फूलकैना – ठउंका काहत हस दई। मोर तो मतीच हा मारे गे रीहिस हे। ले जाथंव। निसैनी टेका के चढ़हूं टोरे बर।

महीवाली – कोनजनी हरियर खेती गाभिन गाय जमे खाय तभे पतियाय।

फूलकैना – खाहू अऊ तोला खवाहूं घलो या।

महीवाली – (उभरा के) मोर बांटा के ला लहूटती मा लेगहूं मंडलीन (मही ला बोह के रेंग देथे।)

(महीवाली फूलकैना ला उचका के चल देथे।, उचके के बाद फूलकैना निसैनी लगा के छानी मा चढ़े के दृश्य देखाना हे।)

--00--

दृश्य-दस

मही बेचे के ओखी मा महीवाली धकर धकर हिरौंदी घर जाथे।

मही ले ले- मही ले वो।

हिरौंदी – (गोहार पार के) ए महीवाली।

महीवाली – तुंहरेच घर तो आवत रेहेंव दीदी।

हिरौंदी – कइसन हांफत हस रे बैरन।

महीवाली – कलजुग खरागे हे गउंटनीन।

हिरौंदी – काला बताबे दीदी। खरी बिलौना सड़वा खाय, जोते फांदे बड़वा जाय।

हिरौंदी – तैं कइसे गोठियाथस या।

महीवाली – बने गोठियाथंव, मोर बात ला नी पतियावत रेहे (छानी डाहर ला देखावत) अब देख वहिद दे।

(महिवाली आगी लगा के खिसक जथे।)

(हिरौंदी हा छानी ला देखथे त फूलकैना हा कोंहड़ा ला टोरे बर हंसिया ला दतावत रथे।)

हिरौंदी – अई...अई.. तैं कइसे गोठियाथस मइके.....मार छानी मा चघ के होरा भूंजत हस।

फूलकैना – होरा नइ भूंजत हवं या कोहड़ा हा बाढ़गे हे तेला टोरत हंव। ता तोला का जियान परत हे कहिथवं।

हिरौंदी – अई जियान परत हे तभे तो काहत हंव।

सती बिचारी भूख मरै लाड़ू खाय छिनार

(फूलकैना के जी बगिया जथे यहू गारी बखाना देवत छानी ले उतरथे।)

फूलकैना – अई मोला छिनार केहे रे बंचक, ते छिनार, तोर दाई छिनार, अऊ तोर बहिनी छिनार। हमर छानी के कोंहड़ा ला हम नइ टोरबो त का तोर दूल्हा टोरही।

(लड़ई झगरा घर के बाहिर मात जथे, माईलोगन झगरा ला बढ़िया देखाना हे)

हिरौंदी – मोर दुल्हा जब टोरही तब टोरही। पहिली तें तो टोर के बता- तोर खटिया ला नइ रेंगा दुहूं ते मोर नाव बदल देबे।

फूलकैना – ते रेंगा के तो देख। (कछोरा भीर के के दते ला धर लेथे।)

(इंकर लड़ई झगरा ला सुन के पारा वाले मन

सेकला जाथे – सांवत, दरोगा, चलवन्तीन, परबुधनीन घलू आ जथे।)

(हरौंदी एक दूसर ला चुंदीआथे, मारिक पीटा होथे)

ग्रामीण – का होगे, का होगे तुमन ला?

(हिरौंदी अऊ फूलकैना कछोरा भीर के लड़े के तइयारी करथे।)

हिरौंदी – नइ जानत हन का रे, तोर चाल ला अपन भांटो हाथ के करधन पहिरे हस तेहा, काली चुरी घलो पहिर लेबे । बड़ा नाव जगाग हस रे गुक्खई।

फूलकैना – हव-हव तैंहा बने नाक ला ऊंचा कर के ससुरार आए हस। मइके म कइसे बदनाम होए रेहेस।

(झगरा जब जादा बाढ़े ला धरथे ता गांव वाले मन छोड़ो-छोड़ो कहिके छोड़ाथे।)

भरे देवारी तिहार मा कुकुर-बिलई कस झगरा मताए हवव।

फूलकैना – (गोड़, हाथ टूटगे दाई वो, सुसकत-सुसकत) ले नियाव ला तुंही मन टोरव, कोंहड़ा ला कोन टोरही तेला।

सांवत – तुंहर नियाव ला हम का टोरबो। एकर फैसला तो अब बइठका मा होही।

हिरौंदी – (हाथ लमा के) एक गांव के कोन कथे पंचगइहा सकेल लेव पंचगइहा । चोरी के चोरी उपर ले सीना जोरी।

(कोतवाल गांव के दू-तीन ठन चौक मा जा के हांका पारथे।)

कोतवाल हांका पारथे- गांव के छोटे-बड़े किसान फूलकैना अउ हिरौंदी के झगरा के फैसला बर पंचायत भवन मा सकेलावत जाहू होऽऽऽऽ........

--00--

दृश्य-ग्यारह

रतिहा छै-सात बजे के दृश्य सांवत घर छट्टी के उपलक्ष्य मा महिला मानस मण्डली के कार्यक्रम। सुने बर सब सेकलाए हे--

रामायेन मण्डली सामुहिक स्वर मा लखन सियाराम चन्द्र की जय।

टीकाकार सुने बहिनी

रागी हव या

टीकाकार - मंथरा हा कैकई रानी ला कहिथे मैंहा मुनी मन ले पूछेंव ता ओमन बइतइन के राजा बने के योग तो भरत म हे अऊ तैंहा सुते हवस। हाँ- कोनो भरत ला राजा के रूप मा देखना चाहत होबे ता एकर उदीम बता सकथौं- अऊ फेर राजा घलू अभी तोरेच्च बस मा हवय।

रागी - अइसे ना

टीकाकार - (समूह के संग मा) लखन सिया रामचन्द्र की जय (लोक धून के संग आयोध्या काण्ड के दोहा क्रमांक 26 से दोहा क्रमांक 27 तक पढ़ना है....)

दोहा-

परौं कुप तब बचन लगि, सकौं पूत पति त्यागि।
कहसि मोर दुख देखि बड़, कस न करब हित लागि।।

चौपाई-

कुबरी करी कुबलि कैकेई, कपट छुरी उर पाहन टेई।
लखै न रानि निकट दुख कैसे, चरै हरित तृण बलि पशु जैसे।।

चौपाई-

सुनत बात मृदु अंत कठोरी, देति मनहुँ मधु माहुर घोरी।
कहै चेरि सुधि अहै कि नाहीं, स्वामिनि कहेउ कथा मोहिं पाही।।

चौपाई-

दुइ वरदान भूप सन थाती, मांगहु आजु जुड़ावहु छाती।
सुतही राज रामहिं बनवासू, देहु लेहु सब सवति हुलासु।।

चौपाई-

भूपति राम शपथ जब करई, तब मांगेहू जेहि वचन न टरई।
होय अकाज आज निशि बीते, बचन मोर प्रिय मानहु जीते।।

दोहा-

बड़ कुघात करि पातकिनि, कहेसि कोप गृह जाहू।
काज संवारहु सजग सब, सहसा जनि पतियाहू।।

(सामुहिक स्वर में) लखन सियाराम चन्द्र की जय

टीकाकार - सुने बहिनी

रागी - हव या

टीकाकार - माता कैकई हा मंथरा के उभरौनी मा आगे गोई अऊ अपन जान के काहन लागे या, तैंहा मोर बर काहत हवस बहिनी तोर असन सहेली खोजे मा नइ मिलय या । अब एती तैं जइसन कहिबे ओइसने करहूं। कुंआ मा कुदे त किबे ते कुंआ मा कुद दुहूं इहां तक गोसइया ला छोड़े ला कहिबे ते छोड़ दुहूं वो।

रागी - ता तोला का जियान परत हे तेमा भइया ला छोड़ दुहूं काहत हस।

टीकाकार - तोरे असन मन बर केहे होही रातभर रामायन पढ़े, पुछबे ता राम सीता भाई- बहिनी। बिन सोचे बिचारे हुंकारू ला देवत हस।

रागी - अई का होगे या- भइया ला काबर छोड़हूं काहत हस।

टीकाकार - तोर भइया ला छोड़हू कहिके थोरे काहत हंव रे पगली, रानी कैकई हा मंथरा ला काहत हे, राजा ला छोड़ दुहूं कहिके।

रागी - ए कैकई ला का होगे हे वो। निच्चट परबुधनीन हे। पर के उभरौनी मा अपन घर गृहस्थी ला बिगाड़त हवय।

टीकाकार - कइसे बिगाड़त हे तेला जानत हस।

रागी - अप्पड़ ला मारे थप्पड़ थप्पड़। मैं काला जानहूं तिहीं बता।

टीकाकार - ता सुन। मंथरा हा कहिथे कैकई ला । तैं हा बताए रेहे ना राजा कर। दू ठन धरोहर हे कहिके ता ओ बरदान ला अभीच्च मांग डर नहीं ते चिरई हा दाना ला बीन डरही ताहन तैंहा पछतावत रहि जबे।

रागी - ता का का बरदान मांगे बर किहिस मंथरा हा कैकई ल या।

टीकाकार - कैकई ल किहिस पहला बरदान मा अपन सग बेटा भरत ला राजतिलक अऊ सउत बेटा श्रीरामचन्द्र जी ला चउदा साल के बनवास ।

रागी – ता का हव कही दिस कैकई हा।

टीकाकार – कैकई हा एके घांव मा हव नइ किहिस फेर मंथरा हा सऊत ले मउत बने कहिके कैकई के मति ला बिगाड़ दिस।

रागी – ओ दुखाई हा काकरो घर ला काबर बिगाड़त होही या। जइसे तन कुबरी मंथरा के ओइसने मन हा घलो कुबरी हो गे हवय। भोगही या भोगही।

टीकाकार – मंथरा हा जब भोगही तब भोगही। अयोध्या हा तो अभी भोगही।

रागी – कइसे या

टीकाकार – अऊ कइसे– विनास काले विपरीत बुद्धि। मंथरा के बुध मा आके रानी कैकई हा दूनों बरदान ला मांगे बर कोप भवन चल दिस।

(ग्रामीण ओती कैकई रानी हा कोप भवन मा बरदान ल मांगे बर चल दिस। ऐती हमु मन ला बइठा मा जाना हे। चलव चलव।)

(लखन सियाराम चन्द्र की जय।)

सबो ग्रामीण बइठा मा जाय बर उसल जथे।

--00--

दृश्य-बारह

(रतिहा आठ-नौ बजे के दृश्य)

माइलोगन मन के झगरा के दृश्य ए। तेकर सेती मजा ले बर ए दरी के बइठका मा भीड़ जादा रथे। कोनो बीड़ी पियत हे। कोनो माखूर दबावत हे। त कोनो मन फुसुर-फासर मा लगे रथे।

पंच एक - (तमतमाए कस हल्ला ला शांत करत)
थोकिन शांत रहो न रे भई। का के झगरा ए तेला गोठियाहू ते भइगे। अइसने कलेचूप बइठे रहू जी।

ग्रामीण - एला सरपंच गोठियाही जी हम का गोठियाबो।

सरपंच - कइसे हिरौंदी, का के झगरा उचाय हव।

हिरौंदी - अब झगरा ला काला बतावंव। हमर कोंहड़ा ला फूलकैना हा टोरत रीहिसे।

सरपंच- कइसे फूलकैना।

फूलकैना - अब तुंही मन बतावव हमर छानी के कोंहड़ा ला हम नइ टोरबो ता का हिरौंदी टोरही।

हिरौंदी - अच्छा ता ए बता काली मोर टूरा हा तुंहर घर चिरक दे रीहिस हे तेला काबर नी डारे।

फूलकैना - तोर नाती चिरके रीहिसे तेला मैं काबर डारतेंव।

हिरौंदी - काबर डारतेन काहत हस रे भाई खई।
तैं हा कहां ले जानबे रे बकठी। चचकी के पीरा ला।
मैं हा कोंहड़ा ला उबजारेंव, सेवा जनत करेंव । तुंहर छानी मा जाके फरगे ताहन फर हा तोर होगे। अइसन मा लइका के चीची तोर काबर नइ होइस।

फूलकैना - अइन्ते तइन्ते झन गोठिया हिरौंदी।
थू (खखार के) अई चीची हा मोर काबर होही।

हिरौंदी - मोर काबर होही कहिथस। जब तोर छानी के कोंहड़ा हा तोर होगे ता तोर अंगना के चीची ला अपन काबर नी मानत हस।

दरोगा - अरे ता कोंहड़ा अऊ कोचई एके हो जही जी।

हरौंदी - (ताना देवत) हवव। दोनो ला रांध के तोला खवाहूं। अऊ फेर तैंहा

ओकर डाहर काबर नइ बोलबे हरबोलना। तोर अउ फूलकैना के (दोनो हाथ के अंगरी ल फंसा के)अइसे हे।

दिलीप – (खिसिया के) चूपो- चूपो। थोकिन मोरो सुनव- जबरन झगरा मताए हव। अरे भई जब लइका बाढ़त जाथे ता ओकर देख रेख करना कहां आथे कहां जाथे तेकर धियान रखना माता पिता के फर्ज आय। ओइसने अपन नार बियार ला काबर नइ सकेले कहिथंव।

हिरौंदी – कहां के गोठ ला कहां लानत हवय तेला देख ले – मेहां जानत हवं दिलीप ओकर डाहर गोठियाथस तेला। ओकर हड़िया मा तो तोर थोथना बोराए रथे।

सरपंच – अरे चूप तो राह दाई, अतेक झन पंच सरपंच बइठे हे तेखरो तो खियाल करव।

हिरौंदी – खियाल, का के खियाल। झगरा मा झगरा ला बढ़ावत हव। एके टप्पा मा फैसला ला सुना देतेव ते दुध के दुध अउ पानी के पानी हो जतीस।

उप सरपंच – तुंहर झगरा के जर का हे तेला सुरू ले बताव, तब तो हम जानिगे। तब कोनो फैसला होही भई।

फूलकैना – (हिरौंदी डाहर अंगरी देखावत) ए का बताही- मैं बतावत हंव। ए कलबेंदरी हा- महीवाली करा मोला भाँटों संग बदनाम करत फिरत हे एकर मुंहु म कीरा पर जतीस तेहा।

हिरौंदी – कीरा परे तोर मुंहु या उही महीवाली करा तें कइसे गोठियावत रेहे। मोला मइके मा बदनाम होगे रीहिसे कहिके। फोकटे फोकट .....

सरपंच – अच्छा समझ गेंव- झगरा के जर महीवाली मंथरा ए।

ग्रामीण – वो महीवाली ला बइठका म पहिली बलावव तब इंकर निपटारा होही। (सामुहिक स्वर में हां हां पहिली ओला बलावव)

सरपंच – वो महिवाली कोन गांव के गा।

ग्रामीण – हमर दमांद गांव के ताय।

(आपस मा) पंच-सरपंच सुन्ता सुलाह करथे

महीवाली तो नइ हे, दूसर गावं के आय- आही तभे फैसला हो सकथे।

ओइसन मा बइठका ला काली राखव।

कोतवाल ला बोल दव काली महीवाली ला बइठका मा हाजिर करही।

सरपंच - अच्छा सुनो माई थोकिन सांत रहो।

झगरा के नियाव हा मुल्जीम अऊ मुलाजिम रथे।

तभे कोना नियाव होथे। इहें मुल्जिम हे मुलाजिम नइ हे। अऊ महीवाली हा जब तक नइ आही तब तक फैसला नी हो सकय कइसे भाई हो।

(सामुहिक स्वर में हव , हव ठीक काहत हव।)

सरपंच - कोतवाल

कोतवाल - हव सरपंच जी

सरपंच - तैं काली के बइठका म महीवाली ला जीयत हाजिर करबे एहा तोर जवाब दारी ए।

कोतवाल - हव दाऊ जी।

सरपंच - फैसला काली होही भाई हो।

अतके बेर रतिहा जें खा के काली फेर सब्बे झन सकलाबोन।

(सामुहिक स्वर में हव-हव कहिके बइठका ले अपन-अपन उठ के चल देथे।)

--00--

दृश्य-तेरह

बिहनिया सात आठ बजे के दृश्य। तरिया म बेटा जात के घठौंदा। कोनो मुखारी चाबत हे। कोनो नाहवत हे। कोना तउंरत हे। कोनो घठौंदा आवत हे त कोना जावत हे। कोनो कपड़ा बदलत हे त कोनो कोनो कपड़ा निकालत हे। ता कोनो नहा के तरिया भीतरी सूर्य नमस्कार करत हे।

ग्रामीण – (मुखारी ला मुंह ले हेर के) कस भइंया, काली जुआर बइठा मा गे रेहेस का गा?

सांवत – (सावंत हा साबुन लगावत लगावत) हव गे रहेंव।

ग्रामीण – (ललक के) ता का होइस गा?

सांवत – (तरिया भीतरी खुसर जथे नहाय बर) अरे अऊ का होही झगरा मा कोनो तन्थ नइये अऊ बात के बतगंड़ भर बना दीन। कालीच फूलकैना अऊ हिरौंदी ला सुन्ता सुलह करा के एका करा दे रहितिन ते।

दोरागा – (ओतके बेर बाहिर बट्टा ले आ के लोटा ला मांजत मांजत) अरे ओमन का एका करहीं अरे नइ जानन का पटइल के चाल ला? अपन दूनों टूरा ला सुन्ता सुलाह करके एक नइ कर सकीस ता गांव ला का एका करा सकही।

ग्रामीण – अंग्रेज मन के बीमारी अब तक ले नइ सिराये हे। अइसने गरकट्टा मन अंग्रेज मन कस फूट डार के राज करत आवत हे।

ग्रामीण – मैं हा सुने हवं पटैल घर ला फोरे मा ओकर छोटे भाई के हाथ हे कहिथे भइया।

सांवत – अरे छोटे के हाथ राहे चाहे थाना वकिल के, तैं हा दुनिया के घर ला फोरबे ता तोरो घर ला फोरइया कोनो ना कोनो मिल जही। भगवान घर देर हे फेर अंधेर नइ हे, भइया।

दरोगा- अइसने घर फोरूक मंथरा मन अपन स्वारथ बर दूसर के परिवार ला फोरथे आदमी ला आदमी ले टोरथे। अऊ आखिर मा

सांवत – अऊ का आखिर मा जब घर फोरूक मन ला भगवान के बिना अवाज के लइठी परथे तब केंघरथे।

ग्रामीण – कर्म प्रधान विश्व रचि राखा, जो जस करहों सो ताहि फल चाखा।

दृश्य-चौदह

दिन में इही पंचायत भवन मा गौरागौरी वे चुरमाटी लान के रखे रिहिसे लछमी पूजा के दिन सुरहोती के जगमग दिया के अंजोर गांव वाले नान्हे बड़े मन घूम घूम के गांव के देवी देवता मा दिया जला जला के राखथे। सब्बो देवी देवता गांव भर दिया बाती मा जगमग जगमग करत रहिथे। (गौरा चौरा मा)

पोंगा बाजत हे- भाग जागे रे आगे देवारी।

गवरा चंवरा मा कुचरागे अंधियारी

जगमगावत हे दिया घर दुवारी

भाग जागे रे आगे देवारी

(लछमी पूजा कर के गांव भर के छोटे बड़े किसान पंचायत भवन करा बइठका सकेलाथे- रात दस बजे के आसपास के दृश्य बइठका कटाकट सकेलाए हे। मार चोरबोर -चोरबोर होवत हे।)

सरपंच - (हल्ला ला शांत करावत) थोकिन मोरो डाहर ला सुनव गा।

ग्रामीण - चूपो चूपो चूपो चूपो

सरपंच - ता गोठ बात ला सुरू करे जाय नहीं जी।

ग्रामीण - हव अब सुरू करव सरपंच जी।

सरपंच - कोतवाल।

कोतवाल - आए हवं दाऊ जी।

सरपंच - कइसे महीवाली हा बइठका मा आहे के नहीं।

कोतवाल - आ हे सरपंच जी आ हे। बइठे हे।
माइलोगन मन डाहर

सरपंच - कइसे महीवाली का बात ए? गांव ला दही कस बिलो के मही करे।

महीवाली - (घबरा के अनजान बनथे) हम कांही ला नी जानन बबा हो.....
हमला ना उधो के लेना हे ना माधो के देना हे।

सांवत - अवो महीवाली। इहां नियाव टोरे बर उधो आवय ना माधो । तोला जतके पूछे जात हे ओतकेच बता।
महीवाली हहय। लेव पूछव

सरपंच - कोन हा काकर संग बदनाम रीहिस हे।
तेला बने फोर-फोर के बता

दरोगा – एकर पुरूप घलो दे ला परही।

फूलकैना – (अपन पक्ष ला मजबूत होही कहिके)
बता ना या, बता ना, जेन सहीं बात ए तेला।

हिरौंदी – सब्बे ला बने फोर–फोर के बताबे
(यहू सोचथे के मोर पक्ष मजबूत होही कहिके।)

महीवाली – बतावत हंव, बतावत हंव। तुमन बतावऩ देहू त तो।

ग्रामीण – ले ता चल बता।

महीवाली – महुं का एक दूसर ला लड़वा के फायदा मारना चाहत रेहेंव। जइसे बड़े–बड़े पद–ओहदा वाले मन एक दूसर ला लड़वा के फायदा उचाथे। कोंहड़ा ला हिरौंदी बहिनी टोरय चाहे फूलकैना दीदी। देवारी के दिन खीचरी खवाय बर मोला कोंहड़ा बिसाय बर नी परही कहिके ए सब उदिम ला करे ला परीस। में नी जानत रेहेंव। अइसन हो जही कहिके। मोर से गलती होगे बबा हो।

सांवत – हव तें तो गांव भर के नतनीन आस ना, तभे अंग्रेज मन कस ठग डारेच। फूट डार के राज करना चाहत रेहेस।

सरपंच – (ठहराती हूं) त बात हा अइसे आय। (बइठका मा चारो डाहर नजर दंउड़ा के)
देखव जी बात हा काहींच्च नोहय।
हिरौंदी घर के नार हा फूलकैना के छानी मा चढ़गे। अऊ कोंहड़ा फरगे। जइसे भगवान कृष्ण हा मथुरा मा अवतरीस अऊ गोकुल मा पलगे। फेर प्रेम हा दोनों महतारी बर एकेच्च रीहिस ना। कोनो ला तो नकारिस नहीं ना। ओइसनेच ढंग ले ए कोंहड़ा के किस्सा आय।

ग्रामीण – वाह! धन्य हो सरपंच जी (बगल वाले ला देखत) का मस्त फैसला सुनावत हे।

अन्य – (मुड़ी ला हलावत) हव भई हव।

सरपंच – मोर मन मा एक ठिन बात आवत हे, कइसे कुछ काहंव गा?
(दो–तीन ग्रामीण) हव हव बोलव सरपंच जी।

सरपंच – अब तैंहा गलती ला संवासत हस तिही हा तोर दण्ड ए महीवाली फेर अऊ कोनो परिवार ला झन लड़वाबे। छत्तीसगढ़ के सबो घर कुरिया सुरहोती के अंजोर कर जगर मगर जगमगावय।

ग्रामीण – राहा राहा राहा ओइसन मा तो थूकेल घलो कांदी चोराए रहेंव कहिके कबूले रीहिसे ल ओला काबर डाड़ेंव।

अन्य व्यक्ति– हां हां तैं ठीक बोलत हस। थूकेल हा दंड दे रीहिसे त महीवाली घलो दीही।

सरपंच – ले ता वो महीवाली एसो मातर मा परसाद बर खीर अऊ दूध के पुरती करबे।

राधबे अऊ बांटबे अऊ सून गौरा–चौंरा मा तैंहा पीपर नहीं ते बर के पेड़ लगाबे। उही छांव हा सुम्मत के जघा होही। तोर पाप के प्रायश्चित होही। कइसे भाई हो।

ग्रामीण – (एक सूर में)– हव हव

महीवाली – मोला मुंजूर हे सरपंच जी। मोला माफी देहू पंच परमेश्वर मन। अब अइसन गलती कभू नी करंव। गलती बर पस्साताप करत हंव।

सरपंच – अइसने पस्साताप जतेक मंथरा बने बइठे हे वो मन करे, चाहे वो परिवार के होय, चाहे समाज के चाहे देस के आज छत्तीसगढ़ के विकास के खातिर हमर राज ला अइसन मंथरा मन ले बचाए ला परही।

उपसरपंच – कोंहड़ा कोचई हा सुख दुख कस बांट–बिराज के खाय के आय। पर के बुध मा लड़ परेव। सुख–दुख होवय चाहे ऊंच नीच मा नता रिस्ता ले जादा परोसीन हा काम आथे। चलौ दुनो झन गला मिलौ।

(हिरौदी अऊ फूलकैना गला मिलथे।)

सरंपच – तुंहरे कस जम्मो छत्तीसगढ़िया मन लड़ई झगरा ला बिसर के अपन सुख–दुख ला बांट ले दया मया ला बांट ले

(देवारी के गीत–दया मया ला बांट बिराजो)

(गौरी–गौरा बनके तइयार, दिया जगमगा जथे।)

दरोगा – अइसने बइठकच मा भूलाए रहू ते ओती

गौरी–गौरा ला

परघा के गौरा चौंरा ले जाहू

समवेत स्वर में ग्रामीण हव हव चलव भई चलव।

इहें ले गड़वा बाजा प्रारंभ डंग डंग ले नाच गोड़िन, डंग डंग ले नाच इही बइठा ठउर (पंचायत भवन) ले गौरी गौरा ला बोहा के सब गांव भर के लइका-पिचका, जवनहा-सियनहा, नर-नारी सकेला जथे। बोलो इसर राजा के जय, काहत गौरा-चौंरा डाहर आगु बढ़थे गौरा-गौरी ला गौरा चौंरा में उतारथे। घंटा-दु घंटा उहें गौरी गौरा के विवाह सपन्न होथे। कोनो डड़इया चढ़थे, कोनो बोरा लेथे कोनो सांट लेथे।

सबेरे-सबेरे गौरी-गौरा ला सुताए बर सुतव गौरी, मोर सुतव गौरा गीत के संग ठंडा करे ला जुलुस के रूप मा नदिया तरिया डाहर लेगथे। गली के बीच बीच मा कोनो पानी रिकोवत हे त काकरो घर आरती उतारत के नारियर भेंट करत हे।

अइसे तइसे जुलूस तरिया मा अभर जथे। गौरी गौरा के ठंडा के संग दृश्य समाप्त।

--00--

(छत्तीसगढ़ी लघु फिल्म)

सोन चिरई

दृश्य-एक

स्थान- कार्यालय

समय-दिन

(महिला अधिकारी अपने चेम्बर में रिवाल्वींग चेयर पर बैक टू कैमरा बैठी हुई है। और फाइल का अध्ययन कर रही है। चेम्बर के दरवाजे पर एक महिला एक छोटी सी चार पांच वर्ष की बच्ची के साथ अंदर घुसने की कोशिश कर रही है और चपरासी उसे रोक रहा है।)

चपरासी - तोला एक घांव बता दे हंव ना। मेडम हा बिना अपाइमेंट के कोनो सन नइ मिले।

महिला - वाह, अइसे कइसे नइ मिलही। हमर अतेक जरूरी काम हे तेहा। चल हट जान दे....।

(दरवाजा खोलकर महिला के साथ अंदर घुसने लगती है। चपरासी उसे रोकता है)

चपरासी - अरे, अरे रे कहां खुसरत हस। रूक, रूक, रूक...

(महिला अधिकारी चिख पुकार की आवाज सुनकर मुड़कर देखती है।)

महिला - चल हट जावन दे अंदर।

महिला अधिकारी–का होगे गेंदू?

चपरासी - मेडम ए माइलोगन हा हुरहा–धुरहा खुसरत हे।

अधिकारी - ठीक हे, आवन दे उमन ला। आव, आव बइठो..। बोल का समस्या हे तोर?

महिला - हमर गांव के सरपंच हा भेजे हे, तुंहर सन मिले बर।

अधिकारी - काबर भेजे हे?

महिला - ए चिंया के जिनगी ला बचा ले मेडम।

अधिकारी - फेर का बात ए...? फरिहा के बताबे।

महिला - फेर देख ना मेडम, ए डूंहरू हा अभी छतराए घलो नइ हे अउ एकर बाप हा बर बिहाव बर पाछू परे हे।

अधिकारी - कहां हे एकर बाप हा?

महिला - दरवाजा के बाहिर खड़े वो राक्षस हा।

(महिला अधिकारी घंटी-बजाती है, चपरासी दरवाजा खोलकर अंदर आता है।)

चपरासी – जी मेडम।

अधिकारी – बाहिर म जऊन आदमी खड़े होही ओला भेज दे।

चपरासी – हव।

अधिकारी – आवन दे तोर घर वाले ला कतना अइंठाहा हे तेला देखत हंव।

(उसी समय उस महिला का पति ऑफिस में दाखिल होता है और मेडम के सामने आकर खड़ा हो जाता है।)

अच्छा त तिंही अस, ए नानकुन जीव के बाप। अपने हाथ ले अपन नोनी के टोंटा ला काबर दबाए बर सोंचत हस? ए उमर ए, एकर बिहाव के....?

बाप – बिहाव तो बिहाव ए, आज करबे त, चाहे काली करबे, एकेच्च बात ए।

अधिकारी – तैं गंवार भर नइ अस बल्कि बेवकुप घलो हस। तोला ए नइ मालूम कि अट्ठारा बरस ले कम उमर के लड़की के बिहाव करई हा कानून अपराध हे।

फेर सोंच ले तैंहा, कहूं अइसन गुनाह करबे ते तोला एक दिन जेल जाय बर परही।

महिला – एकर तो मति मारे गे हे मेडम, बने अऊ गिनहा ला चिन्हन नइ सकत हे।

अधिकारी – देख ओ नोनी के चेहरा ला, कतेक मासूम हे। अभी तो पुतरी-पुतरा-सन खेले के उमर हे ओकर अऊ तैं ओला सात फेरा म बांधना चाहथस। ओकर बचपन ला छिनना चाहथस।

गउकीन तैं बाप नोहस, कसाई हस। एकर ले तो बढ़िया रहितीस, जे दिन ए पैदा होइस उहिस दिन एकर टोंटा ला मुरछेट के मा डरे रहिते।

बाप – बस कर मेडम बस कर। तैं तो मोर अंतस के अंधियारी म गियान के दिया बार देहस। आज मोर आंखी उघरगे। अब मैंहा अपन दुलौरिन बेटी ला पढ़ा लिखा के बहुत बड़े बनाहूँ। तुंहर कस।

(बच्ची को गोद में उठाकर चूमता है।)

महिला – मेडम, आज इहां मोर आना सफल होगे। एकर जिनगी ला उजरे ले बचा लेस। तोर भारी मेहरबानी हे।

बाप – अच्छा मेडम हमन जावत हन। बहुत-बहुत धन्यवाद।

(दोनो हाथ जोड़कर नमस्ते करते हैं। और जाने के लिए मुड़ते हैं। मेडम पीछे से उनको आवाज देती है।)

अधिकारी – सुनव तो।

(सभी पलटते हैं। महिला अधिकारी के पास आती है और उससे पूछती है।)

अधिकारी – बेटी तोर का नाव हे?

बच्ची – सोन चिरई।

(बच्ची की नाम सुनकर महिला अधिकारी अपने अतीत में खो जाती है।)

--00--

दृश्य-दो

स्थान-आउटडोर

समय-दिन

(आसमान में एक चिड़िया अकेली उड़ती चली जा रही है। नेपथ्य से गीत बज रही है।)

गीत-

सोन चिरई छू लेबे आकास ला उड़ के
थम्हे ना कभू तोर पांव हर घड़ी आगू तैं बढ़बे
कतनो बिपत आही फेर पढ़े बर झन बिसरबे
अव्वल आ जबे बेटी तैं पल्ला दउंड़ के
सोन चिरई छू लेबे अकास ल उड़ के....

(छोटी छोटी लड़कियों का झूण्ड, स्कूल युनिफार्म में भागते हुए चला जा रहा है। डिफरेंट लोकेशन पर ये बच्चियां भागती चली जा रही है। और अंत में सभी बच्चियां स्कूल के मुख्य द्वार से होती हुई स्कूल में दाखिल होती है। इस ग्रुप में सोन चिरई भी शामिल है।)

--00--

दृश्य-तीन

स्थान-स्कूल का कमरा

समय-दिन

(टीचर बच्चों को क्लास में पढ़ा रही है। ब्लैक बोर्ड पर स्लोगन लिखा हुआ है- ''तुम छू लो आसमान को'' टीचर टर्न करती है और बच्चों से पूछती है।)

अध्यापिका - बच्चों, कोई इस वाक्य का अर्थ बताएंगा?

एक बच्चा - में बताहूं।

अध्यापिका - ले बता।

एक बच्चा - छानी म चघ के बांस ला उठा के छू लुहूं।

अध्यापिका - (हंसते हुए) बइठ तेंहा। अऊ कोन बताही?

दूसरा बच्चा- में बताहूं

अध्यपिका - ले चल बता।

दुसरा बच्चा- मेंहा गुलेल ले तीप के अकास ला छू लुहूं।

अध्यपिका - चुप रे भोकव, बइठ।

(सब बच्चे हंसते हैं)

अध्यापिका - इस वाक्य का मायने मैं बताती हूँ।

गीत-

अपने लक्ष्य को पाना ही आसमान को है छूना
मगर इस कामयाबी का ये है मूल मंत्र
दूर दृष्टि, पक्का इरादा, कड़ी मेहनत और आत्मविश्वास
अपने लक्ष्य को पाना ही आसमान को है छूना।

--00--

दृश्य- चार

स्थान-बिसेलाल का घर

समय- दोपहर

(दसोदा टोकरियों को रंग लगाते हुए बैठी है। उसी समय दीपक भागता हुआ मां के पास आता है उसके गले में बस्ता लटका हुआ है । वह आम चुसते आ रहा है।)

दीपक - सोन चिरई, ए सोन चिरई, सोन चिरई, दाई, सोन चिरई आ गे का स्कूल ले?

दसोदा - अभी स्कूल छूटे के टाईम कहाँ हो हे। फेर तें कइसे स्कूल ले जल्दी आगेस।

दीपक - में तो गरती बीने बर गे रेहेंव।

दसोदा - थोथनाहा कहिके, तोला ओ गरती काम आही की पढ़ई-लिखई हा।

दीपक - हमला नइ मालूम जा।

(यह कहकर दीपक वहां से भाग जाता है। उसी समय बिसेलाल पसीना पोंछते हुए बाहर से आता है और दसोदा के पास बैठ जाता है। दसोदा अंदर जाकर पानी से भरा लोटा लेकर आती है।)

दसोदा - बिहनिया, बिहनिया ले कहां चल दे रेहेंव।

बिसेलाल - मंगलू घर गे रेहेंव।

दसोदा - काबर?

बिसेलाल - सोन चिरई के बिहाव के बात चलाय बर। मंगलू घर बेलौदी गांव के रेहेंव।

दसोदा - तोर मति मारे गे हे का? नानकुन लइका के जीवन बरबाद करबे का ?

बिसेलाल - ओकर जीवन बरबाद नहीं आबाद करे बर सोंचत हंव। एक गोंटी ले दू ठन चिरई मोर के योजना बनाय हंव..।

दसोदा - वो कइसे?

बिसेलाल - देख, अवइय्या महिना तोर भतीजिन जमुना के बिहाव माढ़े हे। उहें हमरो सोन चिरई के बिहव ला निपटा देबो। पइसा-के पइसा बांच जही अऊ हमर काम घलो निपट जही।

दसोदा - तुमन ला पइसा-कौड़ी के पड़े हे अउ बेटी के जिनगी के थोरको

फिकर नइ हे। ए कोनो बिहाव के उमर ए ओकर। अभी तो दुध के दांत घलो नइ झरे हे।

बिसेलाल - (चिड़कर)अब तैं रहन दे अपन बकर-बकर ला। माईलोगन के बुध ओलिच अतना ताय। का जानहूं तुमन दुनिया दारी के बात ला।

दसोदा - हव। जइसे की हम भाते नइ खान।

बिसेलाल - अब तें जादा मोला झन सीखा। अपन दिमाक ला अपने करा राख। जइसे मैं काहत हंव ओइसने होही ए घर म।

दसोदा - कइसे भी अब तक ले तोरेच तो चलत आवत हे। मोर कोन सुनथे।

बिसेलाल - जब तोला मालूम हे, ए घर के सियान में अवं त फेर काबर पुटुर-पुटुर लगाय हस? में जइसे काहत हंव वोइसने होही।
(और उठकर चला जाता है।)

दसोदा - बाप नोहे, बैरी ए। मोर सोन चिरई के भविष्य के।

--00--

दृश्य-पांच

स्थान-गांव

समय-शाम

(सोन चिरई बस्ता लटकाए स्कूल युनिफार्म में अकेली उछलती-कूदती चली आ रही है। उसी समय दीपक आवाज देता है।

दीपक - सोन चिरई, ए सोन चिरई।

सोन चिरई - का होगे भाई?

दीपक - चल ना हम्मन पुतरी-पुतरा के खेल खेलबोन।

सोनचिरई - हव चल।

--00--

दृश्य-छै

स्थान-गांव का पेड़ के नीचे

समय- दिन।

(पुतरा पुतरी के बिहाव खेल खेल में)

बरात स्वागत

फेरा

पंगत

दुल्हन की बिदाई

(दीपक लकड़ी को मोहरी बनाकर बजाता है।)

--00--

दृश्य-सात

समय-गोधूली बेला

(मोहरी से ओपन करते है शादी का मण्डप गड़ा हुआ है। सोन चिरई और उसके दुल्हे को एक युवक और एक युवती द्वारा गोद में लेकर सात फेरों की रस्म अदा की जा रही है। सोन चिरई गोदी में बैठे लड्डू खा रही है। रस्म पूरी होती है। दुल्हा दुल्हन बैठ जाते हैं। सोन चिरई इधर-उधर देखती है। अपनी मां को देखकर कहती है।)

सोन चिरई - दाई अऊ मिठई दे ना।

दसोदा - हव बेटी देथंव।

(लड्डू जलेबी बगैरहा दोना में रख देती है और एक दोना में दुल्हे को भी देती है।)

दसोदा - ले बेटी खा। ले बेटा तहूँ खा।

दुल्हा - मेंह नइ खांव।

(यह कहकर दुल्हा खड़ा हो जाता है। उसकी दाई उसको खड़ा देखकर पूछती है।)

दाई - कइसे रे, काबर खड़ा हो गेस?

दुल्हा - मोला जोर से सुसु लागत हे।

दाई - एक कनी अऊ थाम्ह ले बेटा। बाद म करबे।

दुल्हा - नहीं, मोला अभीच्च करना हे।

दाई - अरे, तैं ए मंगल काम म सब अमंगल करबे का?

दुल्हा - दाई जोर से लगे हे।

दाई - (खिसिया के) चुप रे, देहूं राहपट।

(दुल्हा इधर-उधर देखता है और पेंट में पेशाब कर देता है, सभी बच्चे उसको देखकर हंसते हैं। सोन चिरई भी हंस रही है।)

--00--

दृश्य-आठ

स्थान-बिसेलाल का घर

समय-रात

(बिसेलाल अपने दोस्तों के साथ बैठा हुआ है। ये सभी ठहाका मारकर हंस रहे हैं।)

दोस्त एक - अरे बिसे बढ़िया मुतरा दमांद पाय हस। अभी तो मड़वा म मुते हे। आगू जा के तोर मुड़ी म मुतही।

बिसेलाल - अरे मोहन। मोर छोड़, तोर टूरा ह तो परघनी के बेरा चीची कर डरे रीहिसे। फेर कइसे करबे....।

दोस्त दो - कइसे करही। एला छोड़, मोहन के घलो प्रेसर आगे रीहिसे। बांच गे नइ ते धोती म कर डरतीस।श

(सब हंसते हैं।)

दोस्त तीन - अरे बिसे, अइसने, गप्प मारत रहिबे ते कुछु खवाबे पियाबे घलो।

बिसेलाल - हव, हव । ए वो ऽऽऽ दसोदा।
संगवारी मन बर मिश्चर, बालुसाय, जलेबी-उलेबी कुछु ला ना।

दसोदा -(अंदर से आवाज देती है।) हव लानत हंव।
(दसोदा मिठाई की प्लेट लेकर बाहर की तरफ जा रही है। सोन चिरई और दीपक बैठे हुए हैं। सोन चिरई अपनी माँ को रोक कर कहती है।)

सोन चिरई - दाई काली घलो मोर बिहाव होही का?

दसोदा - नहीं बेटी।

सोन चिरई - दाई काली एक घांव अऊ मोर बिहाव कर देना।

दसोदा - नहीं बेटी। अइसन नइ होय।

सोन चिरई - नहीं दाई, एक घांव अऊ कर देना।

दसोदा - फेर तें अइसन काबर काहत हस?

सोन चिरई - बिहाव होही त हकन के मोला अऊ मिठई खाय बर मिलही।

(दसोदा के चेहरें पर उसकी बात सुनकर दर्द के भाव आते हैं। उसकी आंखे डबडबा जाती है।)

दृश्य-नौ

स्थान-स्कूल

समय-दिन

(स्कूल के सामने तीन चार बच्चे स्वेटर पहन कर बस्ता लिए बैठे हैं। उसी समय सोन चिरई बस्ता लिए आती है। उसकी मांघ में सिन्दुर लगा हुआ है। और हाथों में चुड़ियाँ है।)

लड़का एक - ओ देख रे! पुचपुचावत आवत हे दुल्हिन हा।

लड़का दो - चुप्प रे मेचका...। टरर-टरर करत हस।

(सोन चिरई उन लड़को के करीब आती है।)

लड़का एक - कइसे य सोन चिरई। हमर भांटो के, के ठन आंखी हे?

सोन चिरई - दु ठन नइ रही त के ठन रही। अड़हा कहिं के।

लड़का एक - ए बेंदरा ह तो काहत- रीहिसे- तीन ठन हे।

सोन चिरई - अइसन म ओकर तीन हे त तोर चार।

(सब लड़के हंस पड़ते हैं। सोन चिरई आगे बढ़ जाती है।)

(सोन चिरई फूदकते-फूदकते जा रही है। लड़के उसको देखते हैं।)

लड़का एक - देख ना, बिहाव होय के बाद कइसे फूदकत हे। जानो मानो अभीच्च अकास ला छू लिही।

(उसी समय स्कूल की घंटी बजती है। कैमरा टिल्डप करते हैं। आसमान की तरफ सूर्य चमक रहा है। कैमरा गोल घुमता है। उसी के साथ काले-काले बादल उस पर डिजाल्व होते हैं। और बादलों के गड़गड़ाहट की आवाज सुनाई देती है।)

--00--

दृश्य-दस

स्थान- बसेलाल का घर

समय-दिन

(गड़गड़ाहट के साथ बरसात हो रही है। परछी में दसोदा बैठी चांवल चुन रही है। सोन चिरई और दीपक खेल रहे हैं। उसी समय बिसेलाल भींगता हुआ अंदर आता है।)

दसोदा - अतेक बरसात पानी म कहाँ ले आथव।

बिसेलाल - तोर भांटो मिले रिहिसे जमुना के तबियत खराब हे।

दसोदा - का होगे ओला?

बिसेलाल - जेचकी बर पीरा खात हे फेर ओकर हालत गंभीर हे।

दसोदा - अइसन तो होनच रीहिसे। नबालिक उमर म बिहाव करे हे त।

बिसेलाल - अब तैं अपन टुड़बुड़-टुड़बुड़ ला बंद कर अउ जा के देख के आ ओला।

--00--

दृश्य-ग्यारह

स्थान-अस्पताल

समय- दिन

(जमुना का सिर लुड़क जाता है। उसकी मौत हो जाती है। डॉक्टर कमरे से बाहर निकलती है। बरामदे में सभी लोग बैठे हुए हैं। इसमें जमुना की मां-बांप, दसोदा, सोन चिरई दीपक और अन्य गांव वाले।

डॉक्टरीन उनके करीब आती है। जमुना की मां उससे पुछती है।)

जमुना के दाई - का होगे डॉक्टरीन बाई?

डॉक्टरीन - तुम लोगों ने उसको अस्पताल लाने में बहुत देरी कर दी।

जमुना के दाई - कइसे?

डॉक्टरीन - अपनी बेटी को तुमने अपने हाथ से ही मार डाला।

जमुना के दाई का। का होगे जमुना ला?

डॉक्टरीन - वो अब इस दुनिया में नहीं है।

(मां बांप डॉक्टरीन की बात सुनकर रोने लगते हैं दसोदा भी रोने लगती है।)

डॉक्टरीन - अब रोने से कोई फायदा नहीं। बाहर-तेरह साल की छोटी सी उम्र में शादी करने से अक्सर ऐसा ही होता है। बच्चा और जच्चा दोनों की मौत। लड़की की शादी कम से कम अट्ठरा साल के बाद ही करना चाहिए। क्योंकि इस उम्र में लड़की का शारीरिक, मानसिक और आंतरिक विकास पूर्ण हो जाता है। और वह बच्चे को जन्म देने के लायक हो जाती है। याद रखिये अपनी बेटी का ब्याह कभी कच्ची उम्र में मत करना।

(ये कहकर डॉक्टरीन वहां से चली जाती है। बाकि लोग रो रहे हैं।)

--00--

दृश्य-बारह

स्थान- बिसेलाल का घर

समय- दिन

(दसोदा आंगन में बर्तन मांज रही है। सोन चिरई घर के अंदर से निकलती है। मां से कहती है।)

सोन चिरई - दाई मैं तरिया जाथंव।

दसोदा - हव, जा।

(सोन चिरई भागते हुए घर से बाहर निकलती है। पैरों पर चार्ज करते हैं। छोटे पैर भागते चले जाते हैं। भागते हुए पैर बड़े हो जाते हैं।)

--00--

दृश्य-तेरह

स्थान- तालाब

समय- दिन

(भागते हुए बड़े पैर तालाब के पास आते हैं और आकर रूकते हैं। हम दिखाते हैं कि सोन चिरई बड़ी हो गई है। उम्र- 13-14 साल। सोन चिरई तालाब में नहा रही है। बाल में मिट्टी लगा रही है। पड़ोस में नहाते हुए औरतें उसको मुड़ मिंजते हुए देखती है। और आपस में कहती है।)

औरत एक - देख तो सोन चिरई ह मुड़ मिंजत हे।

औरत दो - हव य। लागथे अब सोन चिरई हा सज्ञान हो गे हे।

औरत एक - लागे नहीं होगे हे।

--00--

दृश्य-चौदह

स्थान- बिसेलाल का घर

समय- दिन

(बिसेलाल, दीपक टोकरी बनाते बैठे हैं। दसोदा पानी का लोटा और गिलास लेकर आती है। उनके पास रखती है और खुद भी बैठ जाती है। और टोकरियों को रंग लगाने लगती है। बिसेलाल लोटा उठा कर पानी पीता है। लोटा रखते हुए कहता है।)

बिसेलाल - दसोदा परन दिन समधी हा बजार म मिले रिहिसे। अवइया हप्ता सोन चिरई के गवना कराय बर दमांद ला भेजइया हे।

दसोदा - जइसे तुंहर इच्छा। अब मैं का काहंव।

बिसेलाल - बोल ना, कुछु तो बोल। कइसे कोनो बात हे का?

दसोदा - अतेक छोटे उमर म ओकर गवना देथव। कइसे करही लइका हा।

बिसेलाल - (चीड़ कर) अभी नइ देबोन त का बुढ़ाही तब देबोन।

दसोदा - त ले ना मार-डर अपन लइका ला अऊ कर दे ओकर गवना ला। (उसी समय सोन चिरई गीले बालों से आंगन में दाखिल होती है और उनकी बात सुनती है।)

बिसेलाल - कइसे समधी के आघू मोर नाक कटवाबे का? ए तोर आंय-बांय गोठ ला नइ सुनव मैं। सोन चिरई के गवना होही मने होही।

सोन चिरई - ददा मैं ससुरार नइ जांव।

बिसेलाल - (खिसिया के) नहीं त इहां रहिके मोर मुड़ी म होरा भूंजबे।

सोन चिरई - फेर कुछु हो जय। मैं गवना नइ जांव।

बिसेलाल - त समाज म का मोर मुंह करिया कराबे? कान खोल के सुन ले, फेर हफ्ता दमांद अवइया हे। कलेचूप ओकर संग चल देबे।

सोन चिरई - नहीं नइ जांव में हा।

बिसेलाल - कोनो इही तोर जिद्द ए त मोरो घलो जिद्द हे-
कहूं तैं सुसरार नइ जाबे ते मेंहा फांसी लगा के मर जहूं।
(यह कहकर बिसेलाल चला जाता है। सोन चिरई की आंखे भर जाती है। दसोदा उसके नजदीक आती है और कहती है।)

दसोदा - कइसे करबे बेटी, नारी ह तो जुग-जुग ले अभागीन रेहे हे। जइसे

पीरा सहे बर बने हे।

अब तैं कोनो मना कर देबे ते बहुत बड़े अनर्थ हो जही। तोर ददा भारी जिद्दी हे।

सोन चिरई - ले दाई, मोर पठौनी के तइयारी कर दे।

(बोलने के बाद रोते हुए वहां से चली जाती है माँ की आंखों में भी आँसू है।)

--00--

दृश्य-पन्द्रह

स्थान-जंगल

समय-दिन

(मंगलू दातून करते हुए बैठा हुआ है और उसकी पत्नी बर्तन मांज रही है। उसी समय लतेल साईकिल लेकर आता है।)

लतेल – मंगलू कड़रा के घर इही ए का?

मंगलू – हव, फेर तें कहां ले आय हस?

लतेल – भेड़सर गांव ले आए हवं, मोहदी जावत रहेंव।

मंगलू – आव, आव ले बइठो।

तीजन – ले तुमन बइठो, मैं पानी लाथौं।

(मंगलू और लतेल खाट पर बैठ जाते हैं।)

मंगलू – कइसन हकरत हस जी।

लतेल – काला बताबे सगा। तुंहर खेतखार डाहर बिक्कट खतरा हे।

मंगलू – का होगे सगा?

लतेल – चोर हा लूट डरीस मोला।

मंगलू – कइसे जादा पइसा धरे रेहेस का?

लतेल – नहीं जादा तो नइ रिहिस। करीब अढ़ई कोरी रिहिस होही। वहू ला झटक लीस।

मंगलू – ले सगा रद्दा बा:ट बर बेवस्था कर देबोन।

तीजन – ले बता, हमर समधी घर के का हाल चाल हे?

लतेल – सब ठीक ठाक हे। बिसेलाल ह अपन दुलौरिन बेटी सोन चिरई के गवना के तइयारी म लगे हे।
बिसेलाल राम नम्मी मान के दानी राम ह गवना लाए बर जाही।
(उसी समय दानी राम 'चना के दार राजा, चना के दार रानी, होटल में भजिया धड़कत हे' गीत गुनगुनाते आता है।)

दानीराम – (खुशी-खुशी) दाई बोहनी कर के आ गेंव।

तीजन – ले मोर बेटा घलो आगे कमा के।

(लतेल टर्न कर के देखता है। और चौंकता है। दानीराम भी उसको देखकर चौंकता है। और भागने लगता है। लतेल उसको

दौड़कर पकड़ता है।)

लतेल – अरे, रूक-रूक, कहां भागत हस?

मंगलू – का होगे, काबर धरत हस दानीराम ला?

लतेल – इहीच्च तो आय वो चोर जऊन हा मोला लूटे रिहिसे।

मंगलू – मोला माफी दे दे सगा, इही तो मोर बेटा ए। में नइ जानत रेहेंव एह चोरहा हे कहिके–

मंगलू – चलो छोड़ो अब जऊन होगे तेला। फेर सगा। समधी घर ए बात ला झन बताबे।

(दानी राम ह डर के मारे उहां ले भाग गे अउ सरम के मारे जहर खा के आत्म हत्या कर लिस।)

--00--

दृश्य-सोलह

स्थान- बिसेलाल का घर

समय- दिन

(लतेल तेजी से साइकिल चलाता हुआ आता है और बिसेलाल के घर के सामने आंगन में साइकिल खड़ा करके आवाज देता है।)

लतेल - बिसेलाल भइया, ए बिसेलाल भइया।

(आवाज सुनकर बिसेलाल और उसकी पत्नी बाहर आते हैं सोन चिरई आइने के सामने कंघी कर रही है।)

बिसेलाल - का बात ए भइया। हफरत आवत हस।

लतेल - तोर समधी गांव ले खभर लाये हंव।

दसोदा - पहिली चलो, बइठो तो सही। पानी ऊनी पी लो।

लतेल - पानी पीये के बेरा नइ हे।

बिसेलाल - काबर?

लतेल - तुंहर बर दुखद खभर लाय हंव।

बिसेलाल - कइसन खभर?

लतेल - तुंहर दमांद ह जहर खा के आत्म हत्या कर लेहे।

(उधर सोन चिरई आइने के सामने अपनी मांघ में सिंदुर भरने वाली है। उसी समय लतेल की आवाज कानो पर पड़ती है, वह चौकती है। उसकी हाथों से सिन्दुर की डिबिया छूट जाती है। डिबिया जमीन पर गिरती है और सिन्दूर फैल जाता है।)

--00--

दृश्य-सत्रह

स्थान- तालाब

समय- दिन

(अर्थी को कुछ लोग उठा कर चले जा रहे हैं। डिजाल्व करते हैं सोन चिरई की चूड़िया तालाब में फोड़ी जा रही है। सोन चिरई की मां भी वहां है सोन चिरई रो रही है, उसकी मां भी रो रही है। अन्य औरते भी रो रही है। डिजाल्व करते हैं और 'नहावन' कतार से चली जा रही है। सामने सोन चिरई सफेद साड़ी से चल रही है।)

--00--

दृश्य-अट्ठारह

स्थान- बिसेलाल का घर

समय- रात

(सोन चिरई सफेद कपड़ा में बैठी हुई है। हल्का सा अंधेरा है। माँ खाना लेकर आती है।)

दसोदा - बेटी अंधियार म काबर बइठे हस? दिया तो बार ले।

सोन चिरई - अब तो सब बुझागे दाई।

दसोदा - रात के बाद दिन जरूर आथे बेटी। विधि के विधान ला कोन टार सकथे। ले चल खाना खा ले।

सोन चिरई - नहीं, नइ दाई, भूख नइ हे।

(उसके पास से ही बाप बीड़ी पीते हुए बैठा है। सोन चिरई की बात सुनकर कहता है।)

बिसेलाल - नइ खाही ते बने। मोर खाना बच जही। वोइसे भी जिनगी भर अब मोरेच मुड़ी म बोझा बन के रही। अब एकर पोंसे पाले के ठेका हा मोरेच उपर आगे। आंजत-आंजत कानी होगे।

(सोन चिरई बाप की बात सुनकर रोने लगती है। उसके चेहरे पर प्रतिक्रिया उभरती है।)

--00--

दृश्य-उन्नीस

स्थान-खदान

समय-दिन

(मजदूर खदान में काम कर रहे हैं। सोन चिरई भी मजदूरी का काम कर रही है। उसी समय नेपथ्य से आवाज आती है।)

सुपरवाइजर - लेव भई। काम-धाम बंद करो। खाय के बेरा होगे।

(इसी में हम डिजाल्व करते हैं। मजूदर खाना खा रहे हैं। और सोन चिरई एक किनारे पर बैठी हुई है। किताब पढ़ रही है। सुपरवाइजर आकर उसको देखता है। उसके करीब आता है उसके हाथ में टिफीन है।)

सुपरवाइजर - कइसे बेटी तें नइ खाथस?

सोन चिरई - में घर ले खा के आ हंव।

सुपरवाइजर - बेटी, मोर चूंदी हा घाम म नइ पाके हे। में जानत हंव ते भुखाय हस फेर बतात नइ हस। ले चल मोर संग खा ले।

(वहीं सोन चिरई के पास बैठ जाता है।)

सोन चिरई - नइ कका। मैं नइ खांव।

सुपरवाइजर - कका काहत हस अऊ मना घलो करत हस। कोनो कका बाप हा अपन लइका ला लांघन देख सकथे का? ले चल खाबोन।

(सोन चिरई की आंखे भर आती है।)

मत रो बेटी, ए जग ला जीतना अऊ अपन लक्ष्य ला पाना हे त धीरज अउ हिम्मत से काम ले ला परही। जब ले तें इहां आय हस तब ले तोला देखत हंव तेहा लांघन भूखन रहिके पढ़ते रहिथस।

सोन चिरई - कका। पढ़ई-लिखई तो मोर जिनगी के अधार ए। मजदूरी नइ करहूं त खाहूं काला अऊ पढ़हू कइसे।

सुपरवाइजर - अब ए लड़ई म तैं अकेल्ला नइ हस, महूं तोर संग हंव। तोर पढ़ई-लिखई के सबो खरचा ला एती में उचाहूं।

सोन-चिरई - नइ कका, मैं काकरो उपर बोझा होना नइ चाहंव।

सुपरवाइजर - बेटी, बोझा नइ होवय। वो भगवान के बरदान ए। अऊ आज

भगवान ह मोला दान के रूप म तोर असन दुलौरिन बेटी देहे।

सोन चिरई - आज मोला पहिली घांव पता चलिस की ददा के दुलार का होथे फेर मैं नइ चाहंव कका, कोनो किसम के तोर ऊपर भार परै।

सुपरवाईजर - कइसन भार बेटी। मेंह दुनिया म तो अकेल्ला हंव। लोग हे न लइका। फेर आज ले एक झन बेटी जरूर मिल गे हे। ओकरो जिम्मेदारी तो हवे ना मोर उपर।

सोन चिरई - फेर कका।

सुपरवाईजर - फेर वेर अब नइ चले। अऊ कुछु बोलबे ते गुस्सा हो जहूं।

सोन चिरई - ठीक हे कका। जइसन आप उचित समझव।

सुपरवाइजर - बेटी, तेंह पढ़े-लिखे हस। साहब ला बोल के मैं तोला बही खाता के काम देवा देथौंव। ले चल अब खाना खाबोन।

(कका अपने हाथों से रोटी का कौंर तोड़कर सोन चिरई को खिलाता है। सोन चिरई की आंखे डबडबा जाती है।)

--00--

दृश्य-बीस

स्थान- बिसेलाल का घर

समय- रात

(बिसेलाल खाटपर पड़ा खांस रहा है। दसोदा आकर उसकी पीठ सहलाती है। और बोतल में से दवा निकाल कर उसको देती है।)

दसोदा - ले पी लव। खांसी थम जही।

(उसी समय सोन चिरई हाथ में बैग लेकर आती है। आकर मां और पिताजी के पास बैठ जाती है। और थैले में से कुछ दवायें निकालकर मां को देती है।)

सोन चिरई - डॉक्टर ह जउन दवई लिख के दे रहिसे ओला ले आय हंव। एकर ले बाबू जी के खांसी कम हो जही अऊ बुखार घलो उतर जही। दाई, ए दे फल-फूल घलो लाने हंव। बाबू जी ला खवा देबे।

दसोदा - बेटी आज तें नइ रहितेस ते हम्मन भूख पियास मर जतेन। घर के सबो जिम्मेदारी ला उठा डरे हस। जउन ला पितल समझत रेहेंव उही सोना निकल गे।

बिसेलाल - कहां गे वो लफंगा हा?

दसोदा - किंजरत होही कोनो डाहर। ओला घर के चिंता फिकर थोरे हे। कमाना न धमाना अऊ खाय बर आगू आगू।

बिसेलाल - मोला अब समझ अइस की बेटा ले बढ़ के बेटी होथे।

सोन चिरई - भइगे बाबू जी, जादा गोठियाये ले तबियत अउ बिगड़ जही। दाई खवा-पिया के बाबू जी ला सुता दे।

दसोदा - ले बेटी तहूं हा थक-हार के आय हस। हाथ मूंह धो ले में खाना पोरसत हंव।

(सोन चिरई उठकर जाती है।)

(फिर दसोदा गोली निकालकर बिसेलाल को देती है। पानी की गिलास देती है। बिसेलाल पीता है।)

--00--

दृश्य-एक्कइस

स्थान- बिसेलाल का घर

समय-रात

(दीया जल रहा है। हम दिखाते हैं। दीया की रौशनी में सोन चिरई पढ़ रही है। कैमरा धीरे-धीरे दीये पर चार्ज होता है। इसी में हम दीये पर डिजाल्व करते हैं। दीया कण्डील बन जाता है। कैमरा पैन करते हैं। सोन चिरई पढ़ते- पढ़ते जवान हो चूकी है।)

--00--

दृश्य-बाईस

स्थान-घर

समय-दिन

(सूर्य उगता है। मां आंगन में झाडू लगा रही है। दीपक बरामदे में सोया हुआ है।)

दसोदा – बेरा ऊ के चढ़गे, लफरहा कहिंके अतेक बेर ले सुते हे।

(उसी समय सोन चिरई अंदर से बाहर आती है।)

सोन चिरई – दाई में जाथंव, काम म।

दसोदा – हव बेटी जा, देख के जाबे

(सोन चिरई चली जाती है।)

--00--

दृश्य-तेइस

स्थान-डिफिरेन्ट लोकेशन

समय-दिन और रात

(मोन्टाजेश....मजदूर खदान में काम कर रहे हैं। डिजाल्व सोन चिरई बही खाता लिख रही है। डिजाल्व स्कूल का बाहरी दृश्य। डिजाल्व सोन चिरई परीक्षा दे रही है। डिजाल्व सोन चिरई रात के वक्त घर में पढ़ रही है। डिजाल्व मजदूर काम कर रहें हैं। डिजाल्व सोन चिरई साहब को बही खाता दिखा रही है। डिजाल्व सोन चिरई परीक्षा दे रही है। डिजाल्व सोन चिरई परीक्षा दे रही है। डिजाल्व बाप को दवा पिला रही है। डिजाल्व सोन चिरई परीक्षा दे रही है। डिजाल्व सोन चिरई मां के पैर दबा रही है। डिजाल्व सोन चिरई परीक्षा दिला रही है।)

--00--

दृश्य-चौबीस

स्थान-कका का घर

समय-दिन

(कका रामायण पढ़ता बैठा हुआ है। सोन चिरई भागते हुए आती है। उसके हाथ में अखबार है।)

सोन चिरई - कका, कका, ककाऽऽऽऽ

सुपरवाइजर- का बात ए बेटी, विक्कट खुश दिखत हस।

सोन-चिरई - बाते ह खुशी के आय। मेंह एम.ए. के परीक्षा म मेरीट म फस्ट आय हंव। ए देख पेपर म मोर फोटू घलोक छपे हे।

सुपरवाइजर- बेटी बहुत खुशी के बात आय की आज तोला तोर मंजील मिलगे।

सोन चिरई - कहूं तोर आशीर्वाद मोला नइ मिलतीस ते ए ऊंचाई ला आज मेंह नइ पाय रहितेंव।

सुपरवाइजर- ए सब तोर मिहनत अऊ लगन के फल आय बेटी। तोला एक ठन अऊ बढ़िया खभर बतात हंव। काली के अखबार म महिला बाल विकास अधिकारी के पद बर इश्तहार निकले हे। तें आवेदन पत्र भर देबे। तोर चयन जरूर हो जही।

सोन चिरई - हव आजे भर देथंव। अच्छा मेंह जावाथंव। मोर पास होय के खभर ला दाई-ददा ला घलो दूहू रद्दा म ददा बर दवा घलो लेना हे।

सुपरवाइजर- ले बेटी जा।

(सोन चिरई उसके पैर छूती है। कका आशीर्वाद देता है, सोन चिरई चली जाती है।)

--00--

दृश्य-पच्चीस

स्थान-दवाई का दुकान

समय-दिन

(सोन चिरई दवाई की दुकान पर जाती है, परची देती है।)

सोन चिरई - भइया, ये दवा दे ना।

(दुकानदार कुछ गोलियां और दवा की बोतल देता है। सोन चिरई पैसे देकर दवा लेती है। पैसे देती है और वहां से निकलती है।)

--00--

दृश्य-छब्बीस

स्थान-बिसेलाल का घर

समय-दिन

(बिसेलाल की मृत्यु हो चुकी है। दसोदा दहाड़ मार कर चिखती है। उसी समय सोन चिरई घर में दाखिल होती है। मां की चीख सुनती है। पिता के मौत का दुश्य देखकर सन्न रह जाती है। उसके हाथों से दवा की बोतल छुटती है। जमीन पर गिरती है और फूट जाती है।)

--00--

दृश्य-सत्ताइस

स्थान-ऑफिस

समय-दिन

(महिला बाल विकास अधिकारी का अतीत झटके से टूटता है । वह हड़बड़ा कर उठती है। उसी समय सुपरवाइजर कका दाखिल होता है।)

सुपरवाइजर - का होगे बेटी, तें परेशान दिखत हस।

सोन चिरई - मोला अपन बीते दिन के सुरता आ गे रीहिसे।

सुपरवाइजर - अब ए बखत हा पाछू नहीं आगू डाहर देखे के आय। ले जल्दी चल। तैंह निर्धन कन्या विवाह समारोह के जे आयोजन तें करे हस वोकर बेरा होगे हे।

पांच बजे म दू घंटा बांकि हे ठीक पांच बजे मंत्री अउ नेता मन आ जही।

सोन चिरई - ले चल कका। उहां जा के एक घांव कार्यक्रम के निरीक्षण कर लेबोन।

(दोनो वहां से चले जाते हैं।)

--00--

दृश्य-अट्ठाइस

(निर्धन कन्या विवाह समारोह का आयोजन होता है। जिसमें मंत्री और उच्च अधिकारी, आए हुए हैं। इस समारोह का संचालन 'सोन चिरई' कर रही है।)

08/05/2007

--00--

(छत्तीसगढ़ी लघु फिल्म)

बुद्धु के हनुमान

(शूटिंग 18 नवम्बर 2006 से 20 नवम्बर 2006
ग्राम पोटिया-दुर्ग)

दृश्य-एक

(बिहनिया आठ-नौ बजे के बेरा)

(महराज के संग म बुद्धु अउ रमेसर बजरंग बली के आरती गावत, आरती उतारत....)

आरती कीजै हनुमान लला की, दुष्ट दलन रघुनाथ कला की।
जा के बल से गिरिवर कांपै, रोग दोष जा के निकट न झांपै।
अंजनी पुत्र महा बल दाई, संतन के प्रभु सदा सहाई।
दे बीरा रघुनाथ पठाये, लंका जरि सिया सुधि लाये।
लंका सो कोट समुद्र-सी खाई, जात पवन सुत बार न लाई।
लंका जरि असुर संहारे, सियाराम जी के काज संवारे।
लक्ष्मण मूर्छित पड़ सकारे, अग्नि सजीवन प्रान उबारे।
पैठि पाताल तोरि जयकारे, अहिरावण की भुजा उखारे।
बायें भुजा असुर दल मारे, दहिने भुजा संत जन तारे।
सुन नर मुनि आरती उतारे, जै जै जै हनुमान उचारे।
कंचन थार कपूर लौ छाई, आरती करत अंजना माई
जो हुनमान जी की आरती गावै, बसि बैकुंठ परमपद पावै।
लंक विध्वंस कीन्ह रघुराई, तुलसी दास प्रभु कीरति गाई।

(पूजा पाठ करे के बाद)

महराज - अरे, बुद्धु! पोथी पंचाग ला लान तो रे बाबू, जजमान घर सतनरायेन कथा पढ़े बर जाना हे।

बुद्धु - हव लानत हंव महराज (धकर-धकर पोथी पंचाग वाले झोला ला लान के महराज ला देथे।)

महराज - (समझावत) तुमन लड़ई झगरा झन करहू, आंय। मझनिया रांध गढ़ के बने खा लुहू। मोर रद्दा झन देखहू। लहूटत ले मोला सांझ हो सकत हे।

बुद्धु अउ रमेसर संघरा मुड़ी हला के हव महराज जी कही के हामी भर देथे।

(पोथी पंचाग वाले झोरा ला खांध म अरो के सतनरायेन के कथा पढ़े बर जजमान घर जाय बर निकल जथे।)

दृश्य-दो

(रतिहा सात-आठ बजे के दृश्य)

ठगिया रतिहा भात साग रांधे बर चूल्हा सुलगावत हे। लकड़ी गुंगवावत हे। आंसू पोंछ-पोंछ के चूल्हा ला फूंकत हे। ओइसने म बिजली बत्ती गोल हो जथे। चिमनी ला एती ओती टमरथे। आरो नइ लगे।

ठगिया - (कंझा के) यहू बिजली रोगहा ला अभीच्च दांत निपोरे बर रीहिसे। ठउंका के बेरा म आंखी ला मूंद दिस।

ठगिया के ददा - जा ना दुकान ले मोमबत्ती बिसा के लानबे बेटी।

ठगिया - (धरापसरा) हव, ले मैं दुकान जावत हंव, घर ला देखे रहिबे।

ठगिया के ददा - हव बेटी, झटकुन आबे।

ठगिया - हव (कहिके मोमबत्ती बिसाये बर दुकान डाहर जाय बर निकल जथे।)

--00--

दृश्य-दो (अ)

(रमेसर हा गली के चांवरा म अपन संगवारी मन सन गप्प मारत बइठे रहिथे। ओइसने म ठगिया हा दुकान डाहर मोमबत्ती बिसाय बर जावत रिहिसे।)

रमेसर – (ठगिया ला देख के ताना मारत) ए ठगिया, कोन ला ठगे बर जावत हस? मार कोरकिर-कोरकिर।

ठगिया – कोनो ला हम काबर ठगबो ग? हमला तो बिजली बत्ती हा ठग देहे। घर म कुलुप अंधियार हे तेहा।

रमेसर – तोर असन बिजली के राहत ले कोनो घर हा अंधियार होही ठगिया। तैं जिंहा खड़ा हो जबे मोर चंदा उहे पून्नी कस अंजोर।

ठगिया – तोर टेचरही गोठ हा मोला थोरको नइ सुहाय रमेसर, हां। तोला चेता देथंव....मोला ठगे ठुगाय झन कर।

रमेसर – मैं कहां ठगत हंव ठगिया। मैं तो खुदे ठगा गे हंव, तोर सन गउकीन-इमान से। अरे मोर बात ला मानबे ते तुंहर घर हा जगमग-जगमग ले अंजोर हो जही।

ठगिया – माने के लइक होही ते काबर नइ मानहूं।

रमेसर – त कान दे के सून, बुद्दु हा घर म अकेल्ला हवय। जा न हमर घर ले कण्डिल ला मांग के लान लेबे।

ठगिया – इही ला पहिली ले नइ बताए रहिथे। (मुस्का के ठगिया ह ओ मेर ले चल देथे।)

रमेसर – (तिरछी नजरिया मारत) हंसिस मने फंसिस।
(खलखला के हांसथे) कइसे होरी लाल।

होरीलाल – मछरी फंसाय म तो तोर आगु केंवट ढीमर मन घलो फेल हे यार।

रमेसर – चुप्प बे, मजाक करथस।
(सबो झन कट्ठल के हांसथे।)

--00--

दृश्य-तीन

(बुद्धु के घर म लाइट हवय अउ ठगिया घर बिजली गोल हवय। बुद्धु हनुमान के फोटू करा पूजा-पाठ करत बइठे हे। निर्देशक के मुताबिक चाहे तो बुद्धु हनुमान चालिसा पढ़त रहिथे या संवाद बोलत रहिथे।)

श्री हनुमान चालीसा दोहा

श्री गुरू चरन सरोज रज, निज मन मुकुर सुधारि
बरनऊं रघुबर बिमल जसु, जो दायकु फलचारि।
बुद्धि हीन तनु जानिके, सुमिरौं पवन कुमार
बल बुद्धि विद्या देहू, मोहि हरहू कलेश विकार।।

हनुमान चालीसा पढ़े के बाद बुद्धु ह हनुमान जी ले बिनती करत हे.....

बुद्धु - हे बजरंग बली। तोरे कस महूं ला डिड़वा राखबे ताकि तोर भक्ति म कोनो किसम के बाधा झन आवन पावय...।
(ओइसने म ठगिया हा कलेचूप)
धीरे-धीरे जा के बुद्धु के आंखी ला दुनों हाथ ले मूंद देथे।

ठगिया - बता में कोन अंव?

बुद्धु - (ठगिया के हाथ ला टमर के मने मन गुनथे। कइसे हाथ हा पोनी कस गुजगुज लागत हवय। (घुस्सा हो के) तें छोंड़ भई मोर आंखी ला नहीं ते मोर भक्ति हा भंग हो जही।)

ठगिया - तैं बताबे तभे छोड़हूं, नहीं ते नइ छोंड़व।

बुद्धु - नइ बता सकहूं त?

ठगिया - मैं तोला मांगहूं तेला देबे त छोड़हूं।

बुद्धु - अच्छा तोला का चाही तेला बता।

ठगिया - मोला कण्डिल चाही।

बुद्धु - काबर?

ठगिया - अऊ काबर। हमर घर बिजली गोल होगे तेहा।

बुद्धु - (भाखा ला ओरख डरथे) अच्छा तें ठगिया अस। अइसने करबे ते एकाद दिन तहू गोल हो जबे।

ठगिया - मोला कोन गोल करही (कहि के बुद्धु के आंखी ले अपन हाथ ला छोड़ा देथे।) चल दे कण्डिल ला।

बुद्धु – कण्डिल ला नइ दे सकंव ठगिया।

ठगिया – काबर?

बुद्धु – मोला महराज हा मार डरही ठगिया।

ठगिया – एक दिन मोर सेती मार नइ खा सकस।

बुद्धु – "बोकरा के जी छूटे, खवइया ला अलोना" तैं मोला मार खवाय बिना नइ छोड़स ठगिया (कहि के खूंटी मा टंगाय कण्डिल ला लान के दे देथे।)

(ठगिया कण्डिल धर के लहूट जथे।)

(रतिहा सात आठ बजे के दृश्य)

(घर के अंगना म सरकी के उपर महराज हा आड़ा तीन तिलक लगाए बइठे हे। बुद्धु अउ रमेसर ला घलो तीर म बइठारे हे। बुद्धु के चुटई बाढ़े हे। माथ म गोल चंदन-चोवा सोभा देवत हे। रमेसर के माथ म ठाड़ लाल तिलक सोभत हे। महराज हा बुद्धु अउ रमेसर ला ज्ञान के बात बतावत हे।)

महराज ह उपदेस देवत हे-

1. हमला हिंसा नइ करना चाही।
2. कभू लबारी नइ मारना चाही।
3. दुसरा मन के हित करना चाही।
4. कभू काकरो आत्मा ला दुखाना नइ चाही।

(ठउंका ओतके बखत घर म बिजली गोल हो जथे। घर म कुलुप अंधियार। तीर म टार्च रथे। तेकर बटन ला चपक के महराज कथे।)

महराज – जा तो रे रमेसर कण्डिल ला बार दे।

रमेसर – (कुटिल भाव म देखावटी एती ओती खोजथे, बुद्धु घबराए रहिथे) कण्डिल तो नइ हे महराज।

महराज – कण्डिल कहां हे रे बुद्धु।

बुद्धु – कण्डिल ला तो काली के ठगिया लेगे हे।

महराज – (घुस्सा हो के) कण्डिल ला ओला काबर दे देस रे?

बुद्धु – मांगिस त कइसे नइ देतेंव गा

महराज – त का मांगही ते घर के सब्बो जिनिस ला दे देबे रे।

बुद्धु – कण्डिल हा तो आघुच्च म रिहिसे त कइसे नइ हे कहितेंव।

महराज – त ओखी नइ कर देते।

बुद्धु – नवा कण्डिल म का ओखी करतेंव।

महराज – कहि देते कण्डिल के कांच तड़क गेहे अउ ओकर पेंदा फूटगे हे कहिके, बुद्धु कहिके नाम जइसन काम।
अब कान दे के सुन–कोनो कुछु मांगे बर आही ते ओखी मढ़ा देबे। कोनो ला कुछु दे देवई करबे ते कुटकुट ले ठठाहूं।

बुद्धु – हव।

रमेसर – ठगिया ला देखे होबे ताहन मोहागे। होबे ना रे बुद्धु।

महराज – चुप्प, आनी बानी के तोला गोठ सुझे हे। ए बुद्धु ह तो निच्चट बुद्धु हे अउ तेंहा कहां मुड़ाय रेहे।

रमेसर – मुड़ी ला गड़िया देथे।

बुद्धु – अपनेच हा तो कहिथे- "परहित सरिस धर्म नहीं भाई" कहिके।
(गोठ बात के सिराती होइस अउ बिजली बत्ती के आती होइस।)

--00--

दृश्य-चार

(रमेसर मंझनिया कना सुनसान देख के ठगिया ले भेंट करे बर जाथे। ठगिया के ददा चद्दर ओढ़ के बरदखिया खटिया म सुते रहिथे- ठगिया सुते होही कहिके रमेसर के मन म मया के हिलोर मारे बर धरथे। ठगिया समझ के मया के इजहार करथे।)

रमेसर – मैं सरीर, तैं तोर सांस। मैं दीया, तैं मोर बाती। कटे नहीं तोर बिना दिन अउ राती। आ जा मोर बांहा म, समा जा ठगिया। ए जिनगी के नइहे ठिकाना लहर गंगा ले लेबोन ना। (रमेसर हा डोकरा ला चमचम ले काबा म पोटारे ला धरथे।)

ठगिया के ददा – (खिसिया के) काकर संग लहर गंगा ले लेबे रे परलोखिया। (रमेसर ठगिया के ददा के भाखा ला ओरख के डोकरा ला छोड़ के भागथे।)

(ठगिया के ददा चिल्लाथे) चोर, चोर, चोर....

(कहिके धरापसरा उठथे, थथमिर थथमिर करत-करत डोकरा हा कण्डिल ला खुंटी ले गिरा डरथे। ओइसने म ठगिया हा आ जथे।)

ठगिया – का होगे ददा?

ठगिया के ददा – कण्डिल के कांच हा फूटगे ठगिया।

ठगिया – हम तो ये रोगहा कुकुर-बिलई मन के मारे हक खागे हन। गरीबी म पिसान गिल्ला। ए दे कांच ला बहारतेंव तें बाहरी घलो नइ दिखत हे। सांप के बिला म फेर हाथ डारे ला लागही, तइसे लागत हे, बाहरी मांगे बर।

--00--

दृश्य-पांच

(ढरकती बेरा पांच बजे के आस-पास)

(बुद्धु हा घर के देवी-देवता मन के फोटू ला पोंछत-पाछत रहिथे। अतके बेर ठगिया हा बुद्धु-बुद्धु कहिके हूंत करात महराज घर आथे।)

बुद्धु - फेर तोर का खंगे हे ठगिया?

ठगिया - (एती-ओती ला झांखत) कुछु नइ खंगे हे फेर रमेसर हा दिखत नइ हे कहां गे हे तेह।

बुद्धु - रमेसर तोला कहां ले दिखही ओकर तो कांच तड़क गेहे अउ ओकर पेंदी फूटगे हे।

ठगिया - (खलखला के हांस डरथे) तहूं निच्चट बुद्धु हवस बुद्धु। कोनो मनखे के कांच तड़कही अउ ओकर पेंदी फूटही अउ फूटेच होही त हमला का करना हे? मोला रमेसर थोरे चाही।

बुदधु - त का चाही।

ठगिया - मोला तो बाहरी चाही।

बुद्धु - महराज हा खिसियाथे तेह, मैं हा तोला बाहरी ला देहूं ताहन महराज हा मोला बहार दिही।

ठगिया - तोला नइ बाहरे बुद्धु। मैंह महराज ला पूछ डरे हंव।

बुद्धु - मोला मार खवाए बर मरत हस ठगिया।

(ठगिया बुद्धु ला भुलवार के बाहरी ला लेग जथे।)

(बाहरी के लेगती अउ रमेसर के खुसरती)

रमेसर - (खुश हो जथे) अब मजा आही। आज तो महराज हा कुटकुट ले ठठाही बुद्धु ला। आज तो तोर बुता ला बनाही रे बुद्धु। ओ दिन बांच गे रेहे ना।

बुद्धु - आजो बचा लेबे रे भाई।

रमेसर - ता मोला कोन बचाही रे (ताना मारत) तोर हनुमान भगवान हा....

--00--

दृश्य-छै

(बिहनिया आठ-नौ बजे के दृश्य)

महराज – अरे बुद्धु। घर हा कइसे रोहन-बोहन दिखत हे रे। बाहरत-बटोरत काबर नइ हव?

बुद्धु – त कामे बहारतेंव गा?

महराज – कामे बहारबे, घर म बाहरी नइ हे का रे

बुद्धु – नइहे तो गा

महराज – ता का बाहरी हा चारा चरे बर गे हे का रे?

बुद्धु – बाहरी हा चारा चरे बर नइ गे हे, ओला तो काली के ठगिया हा लेगे हे।

महराज – कोन ला पुछ के देहस रे हराम खोर, फोकट के परसाद कस बांटत हस।

बुद्धु – वाह, वोह तोला पूछे हंव किहिसे।

महराज – मोल कहां ले पूछ हे। ओकर अउ मोर तो भेंट नइ होय हे। परबुधिया कहिंके कहिबे आन अऊ करथस आन।
(महराज रमेसर डाहर ला देख के) अउ ते कहां मुड़ाए रेहेस रे रमेसर

रमेसर – पेट ह झारत रिहिसे। परिया डाहर लोटा धर के गे रेहेंव।

महराज – तोर तो रोज पेट झरई के मारे मैं हलाकान हो गे हंव। एकाद दिन तोला ए घर ले मैं झार देहूं त पता चलही रे बाबू।
(बुद्धु डाहर ला देख के) कानो कान समझाए रेहेंव, कोनो कुछु मांगे बर आही ते ओखी कर देबे कहिके फेर।

बुद्धु – त बाहरी तो आघु म माढ़े रिहिसे। कइसे ओखी करतेंव, तिंही बता ना।

महराज – वाह रे हरिश्चंद्र के औलाद, बाहरी के सबो काड़ी हा छरियागे कहिके नइ कहि देते परलोखिया।

बुद्धु – (मुड़ी ला खजुवावत) अपनेच हा तो लबारी झन मार कहिथे अउ लबारी मरवाथे।

महराज – चूप रे जकहा कहिंके, जुबान चलाथस। तुंहला तो मैं राख के

खजुवा के घाव कर डरे हंव।

बुद्धु – अउ रमेसर– गलती बर माफी देबे महराज।

महराज – माफी दे ले का तुंहर गलती सुधर जही। अब गलती करहू ते तुंहर मुड़ी कान ला नारियर कस फोर दुहूं भक्क-भक्क।

बुद्धु अउ रमेसर (एके संघरा)– हव महराज।

--00--

दृश्य-सात

ठगिया के ददा - (खांसत-खांसत) ठगिया बेटी

ठगिया - काए ददा

ठगिया के ददा - घर म कांच फूटई हा बने बात नोहे, सनि समावत हे तइसे लागत हे।

ठगिया - त कइसे करबो

ठगिया के ददा - शांति करवाए बर परही बेटी।

ठगिया - कइसे होही ददा

ठगिया के ददा - रमायेन पाठ करे बर परही बेटी।

ठगिया - घर म तो रमायेन घलो नइहे ददा।

ठगिया के ददा - जा ना महराज घर ले लान ले, उमन पूजा पाठ वाले घलो आय।

ठगिया - ठउंका केहे ददा। मैं नइ पढ़हूं ते महिला मानस मण्डली वाले मन ले रमायेन पढ़वा लेबोन।

--00--

दृश्य-सात 'ए'

(बुद्धु ह हनुमान जी के आघु म रमायेन पढ़त रिहिसे। विसर्जन के आखरी पद चलत रिहिसे। ओइसने म ठगिया ह बुद्धु के तीर हाथ जोड़ के बइठ जथे।)

बुद्धु - तिरथ पावन सकल मिली, हरहूं मोर अज्ञान।
रमायन बैकुंठ यहां, बिदा होत हनुमान।
विसर्जन करे के बाद रमायेन ला बंद करथे-

बुद्धु - लखन सिया राम चन्द्र की जय।

ठगिया - जय।

बुद्धु - गोस्वामी तुलसी दास की जय।

ठगिया - जय

बुद्धु - अपने अपने माता-पिता की जय

ठगिया - जय।

बुद्धु - गुरू गोविन्द गोपाल की जय

ठगिया - जय

(बुद्धु ह तुलसी के परसाद ठगिया ला देथे अउ अपनों खाथे)

ठगिया - ए बुद्धुऽऽऽऽऽ

बुद्धु - फेर का होगे? मंदरस कस गोठियाथस।

ठगिया - तोर चोला ला तो उबार डरे बुद्धु फेर मोर चोला ला तैंह कब उबारबे?

बुद्धु - मैं बजरंगी, भला तोर चोला ला कइसे उबारहूं, जकही कहींके-

ठगिया - तुंहर रमायेन ला देतेस ते मोर चोला हा उबर जतिस। महूं दू चार चौपाई पढ़ लेतेंव कहिथंव।

बुद्धु - रमायेन के तो सब्बो काड़ी हा छरियागे हे ठगिया। तैं पढ़बे कइसे तेला तो बता।

ठगिया - पलोए पानी अउ सिखोए बुध हा कतेक दिन पुरही, रमायेन के कोनो काड़ी छरियाही। रमायेन तो साबुत तोर आघु म माढ़े हे। अउ तैंह लबारी मारथस। हाथी के दांत देखाए के अलग अउ खाए के अलग आय।

बुद्धु - में लबारी नइ मारत हंव ठगिया। मोला महराज हा अइसने केहे

बर बोले रिहिसे।

ठगिया – पर के मुहूं म पान खाथस। बड़ा धरम करम वाले अस त रमायेन ला मोला दे के तो बता।

बुद्धु – मोला महराज दोंगरही त

ठगिया – महराज के आए के पहिली पढ़ के अमरा देहूं।

बुद्धु – तोर सेती मोर भाग म मार खाए के बदे हे तेला कोन का करही। लेगही तेला राखही कोन अउ राखही तेला लेगही कोन। ए ले लेग जा– (हाथ म उठा के रमायेन ला ठगिया ला देथे, ठगिया रमायेन ला धर के अपन घर चल देथे।)

--00--

दृश्य–सात 'बी'

घर म कबीर भजन चलत रहिथे या गुनगुनावत रहिथे–

पोथी पढ़ी–पढ़ी जग मुआ, पंडित भया ना कोय।
ढाई आखर प्रेम का, पढ़े सो पंडित होय।।

महराज – (साखी गुनगुनावत गुनगुनावत) अरे रमेसर।

रमेसर – काए महराज

महराज – ला तो रमायेन ला रे बाबू

रमेसर – हव (कहिके रमायेन ला लाए बर पूजा ठउर म जाथे, देखथे त रमायेन हा पूजा ठउर म नइहे। दउंड़े–दउंड़े रमेसर महराज करा आथे।)

रमेसर – रमायेन तो नइहे महराज, चोरी होगे तइसे लागत हे।

महराज – कलयुग म कोनो रमायेन के चोरी होही। बुद्धु ला पूछ तो, कोनो करा राखे होही।

रमेसर – बुद्धु, अरे बुद्धु।

बुद्धु – काए भइया।

रमेसर – रमायेन ला देखे हस का रे? दिखत नइ हे?

बुद्धु – कहां ले दिखही, रही त तो

महराज – नइहे त रमायेन कहां हे?

बुद्धु – रमायेन ला तो ठगिया लेगे हे। रमायेन पढ़हूं कहिके।

महराज – त मैं तोर थोथना ला पढ़व, ओखी नइ मढ़ा देते रे।

बुद्धु – ओखी तो मढ़ाए रेहेंव, रमायेन के पन्ना मन छरियागे हे कहिके। नइ माने तेला मैं का करौं।

महराज – रमायेन के पन्ना छरियागे कहिके काबर केहे। चिरागे हे कहिके नइ कहि देतेस।

बुद्धु – त तिंही तो केहे रेहेस।

महराज – मेंह कहूं ताहन कुंआ म कूद देबे।
अपन डाहर ले थोरको अक्कल नइ लगावस।

रमेसर – ए का अक्कल लगाही। ठगिया ला देखथे ताहन एकर अक्कल हा तो भोथा जथे।

महराज - चुप्प रे, चिल्लाए ले का फायदा। सांप निकलगे ताहन लकीर ला पीटत राह।

'होइहय वही जो राम रचि राखा' अब एती घर के समान ला कोनो ला दे दुअई करबे त तुंहर बत्तीसी ला झर्रा दुहूं।

--00--

दृश्य-सात 'सी'

(ठगिया के घर म महिला मानस मण्डली रमायेन पढ़त हे।)

'धम्म-धम्म ढोलक के धून म सवाना हा तर्ज उठाथे'

लाल धजा फहराए अंजनी के लाला, लाल धजा फहराए होऽऽऽ

लंका में आगी लगाए अंजनी के लाला

लाल धजा फहराए होऽऽऽ

ढोलक ला परनिया बजात हे, ढोलक ह उतर गेहे।

परनिया –(कंझा के)अई बने उठाना सवाना तर्ज ला। तोर गला हा कइसे मोठ-मोठ लागत हे। रतिहा महि साग खा दे रेहेस का?

सवाना – कहां ले मोठ-मोठ नइ लागही गला ह। अई ढोलक उतरगे हे त गला घलो उतर गे हे। नइ सुनत हस, ढोलक हा फद्द-फद्द बाजत हे।

परनिया – त कहां ले तोर बर हारमोनियम लाबोन अउ कोनो कर ले लान लेबोन ताहन हरमोनियम बजइया लान कहिबे।

गायत्री – नइ काहन य, हमला बजाए बर आथे। बाबू के ददा हा रीड ला थोर चपक के धुंके बर सिखो डरे हे।

सवाना – ओदे गायत्री हा तो चपके बर आथे काहत हे। ए ठगिया जाना या तीर तार ले हारमोनियम मांग के लानबे ताहन देख मोर सुर हा आसमान म कइसे चढ़ही तेह-

ठगिया – वाह य लता मंगेस्कर के बड़े दाई। गाए ला आय नहीं अउ गला ला दोस देथस। तुमन बइठव महराज घर ले मैं हारमोनियम लाथंव। त तुंहर करनी ला देखहूं।

गायत्री – तुमन काबर होखा-बादी होथव य। जिहां राम रमायेन उहां कुकुर कटायेन।

(हरमोनियम मांगे बर ठगिया हा महराज घर चल देथे।)

--00--

दृश्य-सात 'डी'

बुद्धु – (हारमोनियम के रीड ला आंय बांय दबावत गाना गावत रहिथे।)
सा रे गमऽऽऽऽऽ मरेन हम, सा रे गमऽऽऽऽऽ मरेन हम।

ठगिया – (हफरत हफरत आथे) बुद्धु मरे तैं नइ हस, मरत हन हम्मन।

बुद्धु – वो कइसे?

ठगिया – घर में रमायेन होवत हे अउ ढोलक उतर गेहे। संगवारी मन बिन हरमोनियम के नइ गावन बजावन काहत हे।

बुद्धु – उमन नइ गावत- बजावत हे त मैं का करौं?

ठगिया – मोर लाज ला बचा ले बुद्धु नहीं ते संगवारी मन रिसा जही।

बुद्धु – तोर लाज ला कइसे बचांव मैंह?

ठगिया – हरमोनियम ला देके लाज ला बचा सकथस।

बुद्धु – हरमोनियम ला नइ दे सकंव।

ठगिया – काबर?

बुद्धु – हरमोनियम के पन्ना मन छर्री दर्री हो गेहे।

ठगिया – बुद्धु तैंह बुद्धुच रहिबे। कोनो हारमोनियम के पन्ना छर्री-दर्री होही (जबरन) मैं हरमोनियम ला लेगत हौं। (कहिके बुद्धु ले हारमोनियम ला झटक के लेग जथे।)

बुद्धु – झन लेग ठगिया, झन लेग। मोला महराज ठठा डरही।

--00--

दृश्य-सात 'ई'

गोबिन्द बोलो हरि गोपाल बोलो, राधा रमन हरि गोपाल बोलो। भजन गावत सरकी जठा के महराज हा बइठ जथे।

महराज – अरे बुद्धु, हारमोनियम ल लान तो रे।

बुद्धु – हारमोनियम तो नइ हे गा

महराज – फेर कोनो ला दे दे हस का?

बुद्धु – ठगिया हा जबरवाली उठा के हारमोनियम ला लेगे, त मैं का करौं।

महराज – मैं तो तोर सोहबती मरई के मारे हक खा गे हंव। बुद्धु नइ बना देते रे बुद्धु

बुद्धु – बनाए तो रेहेंव गा।

महराज – कइसे बुद्धु बनाए रेहे। बता तो जरा सुनौं।

बुद्धु – हारमोनियम के पन्ना मन छर्री-दर्री होगे हे कहिके। अब नइ मानिस तेला मैं का करौं।

महराज – एकरे सेती कहिथौं परोसी बिना सांप नइ मरै कहिके। अरे कोनो हारमोनियम के पन्ना छर्री दर्री होही रे, गदहा कहिके।

बुद्धु – त तिंही तो केहे रेहे। अइसने कहिबे कहिबे।

महराज – थोरको अक्कल नइ लगा सकस आंय, तोला कुंआ म कूदे ला कहूं ते का कुंआ म कुद देबे। अरे हारमोनियम के धम्मन फूटगे हे कहिके नइ कही देते जकहा कहिके। जब देखबे तब आंजत आंजत कानी कर डरथस।

बुद्धु – (मुंहू ला ओथार के) मोर ले अनित होगे। महराज मोला जइसन सजा देबे कबूलहूं।

महराज – तोला का सजा दुहूं। माछी मारे अउ हाथ गंदलाए। कान खोल के सुन ले। जतना अनित करे ते कर डरे एती सावचेत रहिबे।

--00--

दृश्य-सात 'एफ'

ठगिया के ददा (खटिया म बइठे-बइठे) घर म आए दिन बिक्कट संकट आवत हे, गुनथौं सांति करवा लेतेन।

ठगिया - ए तो बने बात ए ददा।

ठगिया के ददा - ले जा बेटी, महराज ला सतनरायेन के कथा बर चेता देबे।

ठगिया - हव ददा, कुकुर बिलई के घर डाहर ला देखे रहिबे।

--00--

दृश्य-सात 'जी'

महराज हा नहाए खोरे बर तरिया गेहे। घर म बुद्धु अउ रमेसर पूजा-पाठ के तइयारी करत हे।

ठगिया गाना गुनगुनावत पहुंचथे। 'एसो गवन झन देबे वो बुढ़ी दाई, मैं बांस भिरहा कस डोलत हवं ना।'

रमेसर - फेर का होगे तोला। बर न बिहाव छट्ठी बर दार भात ला सोरियावत हस।

ठगिया - (लजा जथे) टार ग, दार भात ला थोरे सोरियावत हंव। मैं तो महराज ला सोरियावत आए हौं।

बुद्धु - काबर?

ठगिया - सतनरायेन के कथा बर महराज ला चेताए बर आए हंव।

बुद्धु - महराज हा पूजा पाठ नइ कर सकै।

ठगिया - पूजा पाठ नइ कर सकै। कस्टूटी होगे हे का।

बुद्धु - कस्टूटी नइ होय हे, महराज के धम्मन ह फूटगे हे। (महराज बुद्धु के आवाज ला सुन डरथे।)

महराज - काकर धम्मन फूटगे हे रे?

रमेसर - बुद्धु हा तोर धम्मन ला फूटगे हे कथे ग।

महराज - सत्यानास उपर ले सत्यानासी। तुमन तो तोर मुड़ी म होरा भूंजत हौ रे। आज मोर धम्मन फोरत हव, काली मोर मुड़ी ला फोरहूं। तुंहला मारे बिना नइ छौड़ौं (कहिके गोटानी ला धर के सबो झन ला मारे बर कुदाथे। बुद्धु रमेसर अउ ठगिया जान बचा के भागथे।)

दृश्य-आठ

(महराज बुद्धु अउ रमेसर ला ए कहिके चल दिस की मैं जजमान घर कथा पढ़े बर जावत हौं, तुमन रांधगढ़ के भगवान ला भोग लगा दुहू अउ सुनो मैं कथा पढ़ के आहूं ताहन तीनों संघरा बइठ के खाबोन आयं। बुद्धु अउ रमेसर मुड़ी ला हला के हामी भरथे।)

(चुल्हा मा भात साग रांधे के दृश्य। चुल्हा के उपर हड़िया म भात अउ कनौजी म साग चुरत हे। भात ला पसा के कल्था डरिस। बुद्धु हा हनुमान भगवान के आघु म भोग लगाए बर हड़िया ला धर के बइठ जथे।)

बुद्धु – (हनुमान भगवान ला कहिथे) ले ना हंड़िया के भात ला भोग लगा ले हनुमान जी। अब निच्चट लइका तो नइ हस ना तेमा तोला हाथ धर के खवाहूं। खा नहीं ते आन दिन ठगिया के नाव ले के मार खावत रहेंव बजरंग बली। आज तोर सेती मार खाहूं तइसे लागत हे। (बुद्धु हा हंड़िया के भात ला जइसने के तइसने देख के रो-रो के भोग लगाए बर हनुमान जी ला बलावत रहिथे।)

आ ज प्रभु, भोग लगा ले प्रभु। भुखा गे होबे। जब तक ले तैं लांघन रहिबे महूं लांघन रइहौं। अपन सेती नहीं ते मोर सेती खा ले भगवान, नहीं ते महराज हा मोर परान ले लिही।

--00--

दृश्य-आठ 'ए'

(अयोध्या म श्रीराम सीता अउ लछिमन जी सिंहासन म बिराजमान हे। हनुमान जी हा उंकर बर अंगुर, केला अउ कंदमूल ला लान के आघु म उन ला खवाए बर मढ़ावत जावत हे।)

श्रीराम जी - कइसे तोर थोथना हा लजवंती कस ओथरे हनुमान जी?

हनुमान जी - काला बतांव प्रभु जी, कोन ए ते मोर नाव ला सुमर-सुमर के रोवत हवै। मोला बलावत हे तइसे लागत हे फेर मैं कइसे जावौं तुंहर सेवा ला छोड़ के।

श्रीराम जी - हनुमान जी, तैं मोला एती भोग लगाए बर जोरा करत हस ओती तोला भोग लगाए बर तोर भगत हा तोर रद्दा जोहत हे।

हनुमान जी - तोला बिना भोग लगाए कइसे जावौं प्रभु।

श्रीराम जी - मोर चिंता ला छोड़ हनुमान। भगवान ले बड़े भगत होथे। अब जा अउ भगत के इच्छा ला पूरा बर।

हनुमान जी - जो आज्ञा प्रभु।

(जय श्रीराम कहिके हनुमान जी हा ओ मेर ले चल देथे।)

--00--

दृश्य-आठ 'बी'

(बुद्धु हा रोवत बइठे रहिथे। उही मेर हनुमान जी हा खांध मा गदा मढ़ाए 'जय श्रीराम' काहत प्रगट होथे- प्रगट हो के बजरंग बली हा अपन गदा ला बुद्धु के पीठ मा छुवाथे।)

बुद्धु - (झटकार के) देख यार मोर सन लाग झन। मोर दिमाक खराब हे।

हनुमान जी - (धम्म ले बुद्धु के आघु म खड़ा हो के) बला लेहस अउ करू-करू गोठियाथस।

बुद्धु - अच्छाऽऽऽऽऽऽ (तिंही हनुमान भगवान अस जी।)

हुनमान जी - (मुड़ी ला हला के) हूंऽऽऽऽऽ

बुद्धु - बिक्कट देरी करे यार। बस नइ मिलत रिहिस का? चल अब आगे हस ते भोग लगा ले।

हनुमान जी - हूंऽऽऽऽऽ अइसे बात ए। सुभ काम म का के देरी। पालथी मार के बइठ के हड़िया के भात ला जल्दी-जल्दी खा के सफाचट्ट कर देथे।

(हनुमान जी के खवई ला देख के बुद्धु अकबका जथे।)

बुद्धु - (देख के बुद्ध नाराज हो जथे) भोग लगा ले केहेन त सबो ला खा देस यार।

हनुमान जी - भूख लागिस ता हकन के खा परेंव, एमा नाराज होय के का बात हे।

बुद्धु - भोग म नेंग बर दुए चार दाना खाए जाथे अउ तैं सब्बो ला जमा देस। अब एती मोला महराज ह जमाही।

जउने ला देखबे तउने मार खवाए बर मरत रहिथव।

हनुमान जी - (गुस्सा के) का बुद्धु- तहूं हा बला के खवा लेस अउ उपकथस। अब महूं नइ राहंव, जाथौं।

(जय श्रीराम, कहिके अंतरध्यान हो जथे।)

रमेसर - (सपट के देखत रहिथे।) अब तोला फंसाए म मजा आही..बुद्धु।

--00--

दृश्य–आठ 'सी'

(भगवान श्री राम अउ जानकी मइया प्रसन्न मुद्रा म सिंहासन म बिराजमान हवय। सेवा सटका चलत हे। चलत हे। हनुमान जी हा मुहूं फूलो के पहुंचथे।)

श्रीराम जी – (मुस्का के) कइसे तोर महुं हा बाम्बे मिठई कस फूले हे हनुमान जी।

हनुमान जी – देख ना मोला दोंहदो ले खवा के उपक दिस बुद्धु हा।

श्रीराम जी – 'बुद्धु के भगवान बुद्धु' अरे भई तोला भोग लगाए भर ला केहे रिहिसे। तैं तो पूरा हड़ियच्च ला सफाचटट कर देस। अब उमन काला खाही, तिहीं बता भला।

हनुमान जी – पहिली घांव अइसन सुवाद वाले भोजन खाए बर मिलिस त नइ खातेंव प्रभु।

श्रीराम जी – भोजन म अतेक सुवाद रिहिसे त एकाद कौंरा मोरो बर नइ लान ले रहिते। सुख्खा–सुख्खा आ गेस अब ले तोर करनी ला बुद्धु हा भोगही।

--00--

दृश्य-आठ 'डी'

मंझनिया के बेरा आय। महराज खखाय-भुखाय घर पहुंचथे। पेट सप्प-सप्प करत हे।

रमेसर धकर-लकर सरकी ला मढ़ाथे। आघु म पीढ़हा अउ बाजु म लोटा गिलास म पानी मढ़ाथे। आज आघु-आघु ले रमेसर जोरा करत हे। काबर की जानत हे। बुद्धु ला आज कुटकुट ले मार परही। महराज सरकी म पालथी मारके बइठे के बाद।

महराज - (मया म) बुद्धु बेटा भात हेर रे। (बुद्धु थुथुर थाम्हर करत का करौं, कइसे करौं, महराज ला काला पोरसौं कहिके हड़बड़ा जथे।)

महराज - (खिसियाय ला धर लेथे।) जल्दी निकाल ना रे। सुनावत नइहे का तोला? कन्सूर कहिंके।

(खाली थारी ला महराज के आघु पीढ़हा उपर बुद्धु हा मढ़ा देथे)

(देख के महराज के मइन्ता भोगा जथे।)

महराज -(खिसिया जथे) कइसे, थारी ला चाबौं रे।

इहां पेट म मुसुवा कुदत हे अउ तोला हरियर सुझे हे। कइसे भात नइ रांधे हस का रे?

बुद्धु - रांधे रेहेंव।

महराज - रांधे रेहे त का ओला भगवान खा देहे रे।

बुद्धु - भगवान नहीं हनुमान खा देहे महराज।

महराज - का बात ए तेला सफ्फा सफ्फा बता नहीं ते तोर टंगड़ी ला कुटी-कुटी कांट के कुकुर ला खवा दुहूं।

बुद्धु - तिंही हा तो हुनमान जी ला भोग लगाए बर केहे रेहे।

महराज - हव केहे तो रेहेंव।

बुद्धु - मैं हनुमान जी ला भोग लगा ले कहेंव त वोह पूरा हड़िया ला सफाचट्ट कर दिस तेला मैं का करौं।

रमसेर - बुद्धु- लबारी मारत हे महराज, लबारी मारत हे।

महराज - सिरतोन काए तेला तें बता ना रे उजबक।

रमेसर - (लबारी मार देथे।) बुद्धु हा ठगिया टूरी ला तीर म बइठार के

हांस हांस के भात ला खवावत रिहिसे।

महराज - अइसे का (खिसिया के उठथे अउ गोटानी म बुद्धु ला ठठाथे।) भगवान ला भोग लगाए हवं कहि के ठगिया ला भोग लगा देस रे ननजतिया। चिपरी संग मोहा गेस रे चिपुरू।

बुद्धु - मैं ठगिया ला नइ खवाए हौं महराज, रमेसर लबारी मारत हे।

महराज - वोह काबर लबारी मारही। ठगिया कोनो ओकर लागमानी ए का? लबारी तेंहा मारत हस रे सुमड़ा। मोला तो उही दिन सक होगे रिहिसे जे दिन लुका के ठगिया ला कण्डिल ला दे रेहेस। ओकर चक्कर म घर के जम्मो जिनिस ला उरका डरेस।

बुद्धु - मोर उपर अइसन पाप झन लगाव महराज। बजरंग बली के किरिया हे। मैं ठगिया ला नजर उठा के नइ देखे हंव ।

महराज - चाल म तोर कीरा परे हे अउ बाल ब्रम्हचारी बने हस। बेईमान कहिंके। काहत काहत महराज बुद्धु ला छरथे। एती बुद्धु ला रट्ट रट्ट मार परही, बुद्धु ला दांय दांय मार परे त बुद्धु हा ए दाई वो, ए दाई गा, मोला बचा ले भगवान कहिके हनुमान जी ला गोहराथे। ए डाहर बुद्धु ला मार परथे त रोल हा हनुमान जी के देंह म उपकथे। मार के असर हनुमान जी ला होथे।

--00--

दृश्य-आठ 'ई'

(हुनमान जी श्री राम जी के सेवा करत उंघावत रहिथे। एती महराज हा बुद्धु ला पीटथे। वोह हनुमान जी ला परथे। मार परे ले हनुमान जी के आंखी हा बग्ग ले खुल जथे अउ भगवान उपर झपा जथे।)

हनुमान - ए दाई वो, ए ददा गा मोला बचा ले प्रभु।

श्रीराम जी -(मुस्करा के) ए का होवत हे हनुमान?

हनुमान - देखौ न जेकर करा भेजे रेहेंव उही मोला कुटकुट ले ठठावत हे। माड़ी कोहनी के फूटत ले कनिहा कुबर के टूटत ले।

श्रीराम जी - (मुस्करा के समझावत) नहीं हनुमान जी अइसन बात नोहे बुद्धु तोला नइ मारत हे।

हनुमान जी - त कोन ह मारत हे? अतेक कल्हरत ले।

श्रीराम जी - महराज हा बुद्धु ला दोहनत हे, वोह तोला परत हे। सबो भात ला खाए रेहे नहीं अब मार ला घलो खा।

--00--

दृश्य–आठ 'एफ'

बुद्धु – (हनुमान जी के फोटू करा आ के फफक–फफक के रोवत–रोवत) मोला मार खवा देस बजरंग बली। तोला भोग लगा ले भर केहे रेहेंव, तैं पूरा हड़िया ला सफाचट्ट कर देस मोर देवता। मोर दुख ला सुन ले संकट मोचन।

हनुमान जी – (फोटू ले आवाज आथे) मैं तो नइ खावत रेहेंव। तिंही हा जिद्द कर के खवा देस, बड़ा बात करत हस।

बुद्धु – एकर का मतलब। खाए बर केहेंव त का सबो ला खा देबे। तोर सेती हमन लांघन हन तेहा।

हनुमान जी – तोर हाथ के रांधे भात हा अमरित कस सुहइसे बुद्धु। भात ला भगवान के परसाद ए कहिके हाही माही झेल परेंव। कतेक बेर हड़िया के भात उरकिस तेकर अरोच नइ लगिस। ओ दिन के सुरता करथौं ते मोर मुहुं पंछा जथे।

बुद्धु – तैंह भात ला खाए तेकर सेती तो मैं मार ला खायेंव, मिठलबरा कहिंके फोकट के पाय अउ मरत ले खाय।

हनुमान जी – मैं भात ला नइ खाय रहितेंव त तैं मार नइ खाय रहितेच।

बुद्धु – अऊ का

हनुमान जी – (फोटू ले आवाज आथे) अइसे ना, जा महराज ला कहिबे हड़िया म भात हवै, खा लेव।

बुद्धु – हड़िया तो जुच्छा हे कइसे काहौं, महराज ला खाए बर। मोर अउ नइ खंगे हे। मार के मारे पीठ ह चहचहावत हे तेह।

हनुमान जी – तैं ओला जा के काह तोऽऽऽऽऽ

बुद्धु – (महराज करा जा के बिनती करथे।) हड़िया म तोर पुरतीन भात हे महराज, भोजन कर लेतेव।

महराज –(खिसिया के) कइसे तैं जदुवाहा होगेस का रे, तेमा खाली हड़िया म दाना परही।

बुद्धु – जा के तो देख गा।

महराज – (रमेसर ला बलाथे) आ तो रे रमेसर (महराज अउ रमेसर जब जा के हड़िया ला देखथे ते दंग रहि जथे। (हड़िया के बारा के आवत

ले टीप-टीप ले ताते तात भात भराय राहै))

महराज - (रमेसर ला देख के) ए कइसे होगे रे रमेसर। टूरा हा कोनो जादू मंतर सीखत हे का?

बुद्धु - नहीं महराज, मैं जादू मंतर नइ सीखत हौं।

रमेसर -(भड़कावत) एह जादू मंतर सीखत हे महराज, जादू मंतर सीखत हे। तभे तो काहौं भाड़ी के ओप्पार लिमऊ कइसे फेंकाए रहिथे कहिके।

महराज - जदुवाहा बुद्धु हा नइहे बल्कि तैं हस। ओ लिमऊ ला तो मैं चुहक के फेंकथौं। फोकटे-फोकटे भात ला ठगिया ला खवाय हे कहिके बुद्धु ला दोह दो ले मार खवा देस। तोर सेती बुद्धु ला बीन गलती के पीट परेंव। जरे म नून डारे ला सीखे हस।(कहिके महराज हा रमेसर ला कुटकुट ले ठठाथे)

बुद्धु - (थपरी बजा-बजा के कुद-कुद के हांसथे) जय हनुमान, बने होइस लू, लू बने होइस।

रमेसर - (बुद्धु डाहर अंगरी देखा के) राह रे-अब तो तोला छोड़व नहीं।

--00--

दृश्य-नौ

(महराज हा बिहनिया सुत उठ के मुहुं ला धोवत-धोवत)

महराज - अरे रमेसर।

रमेसर - काए महराज?

महराज - चाहा बनगे जी।

रमेसर - चाहा नइ बने हे महराज।

महराज - काबर गा ? सक्कर चायपत्ती नइहे का?

रमेसर - सक्कर चायपत्ती हवै महराज लकड़ी नइहे।

महराज - लकड़ी फाटा नइहे त का मैं लानौ लकड़ी ला, तुमन लकड़ी फाटा काट के नइ लान सकौ, कोड़िहा हो।

(बद्धु मुहुं ओथारे के दबके बइठे हे।)

अउ तेंह रे बुद्धु, कइसे मिटकाए बइठे हस। चल तो टंगिया ला धरव अउ लकड़ी काट के लानौं नहीं ते मंझनिया लांघन रेहे बर परही।

(रमेसर अउ बुद्धु हव कहिके मुड़ी हलाथे। टंगिया अउ डोरी धर के मुड़ी गड़ियाय लकड़ी बर जाथे।)

--00--

दृश्य-दस

(तरिया के पार बम्हरी पेड़ म लकड़ी काटे बर बुद्धु अउ रमेसर हा चघ जथे। बुद्धु हा खांधा म टंगिया ला अरझा के पातर-पातर झीटी ला टोरत रिहिसे। रमेसर नजर बचा के टंगिया ला तरिया म फेंक देथे। बुद्धु जब लहुट के टंगिया ला धरे बर देखाथे त टंगिया हा अपन जघा म नइ राहौ।)

बुद्धु – (डर्राती) टंगिया ला देखे हस का बड़े भइया?

रमेसर – मैं का जानहूं बुद्धु, ओला तिंही जान कते मेर राखे रेहेस ते।

बुद्धु – टंगिया तरिया म गिरगे तइसे लागत हे भइया।

रमेसर – राह, खाल्हे म उतर के देखत हौं।

बुद्धु – देख भाई देख, नहीं ते महराज हा मोर परान ला छोइल डरही।

रमेसर – (खाल्हे उतर के एती ओती ला खोजे के नाटक करत) नइ दिखत हे बुद्धु कोनो करा टंगिया हा।

बुद्धु – (घबरा के) आज महराज मोला नइ छोड़े (बुद्धु रोए ला धर लेथे।) ऊं हूं हूंऽऽऽऽ

रमेसर – वाहद् दे, अब तो मेंह महराज ला बताहूं बुद्धु हा टंगिया ला तरिया म गिरा डरे हे कहिके।

(रमेसर हा महराज ला बताए बर दऊंड़त दऊंड़त घर डाहर चल देथे।)

--00--

दृश्य-दस 'ए'

(महराज जाप करत हे।)

ॐ भूर्भुवः स्वः तस्यवितुर्वरेण्यं भर्गो।
देवस्य धीमही धियो यो नः प्रचोदयात्।।
सर्वे भवन्तु सुखिनः सर्वे सन्तु निरामया।
सर्वे भद्राणि पश्यन्तु मा कश्चित दुःख भागभवेत।।

(रमेसर हा हफरत हफरत पहुंचथे)

रमेसर - महराज, महराज

महराज -(पूजा करत-करत) का होगे रे?

रमेसर - वाह बुद्धु हा ना, टंगिया ला तरिया म गिरा डरे हे।

महराज - बुद्धु हा तो नइ गिरे हे ना

रमेसर - नहीं।

महराज - ए बुद्धु हा तो मोर जीव ला हलाकान कर डरिस।

(रमेसर अउ महराज हा तरिया पार डाहर जाय बर धरा-पसरा निकल गे।)

--00--

दृश्य -दस 'बी'

(बुद्धु तरिया पार म रोवत बइठे हे।)

(महराज के डर मने जमराज के डर)

बुद्धु – (अपने-अपने गोठियावत हे) मैं महराज ला का मुहूं देखाहूं। आज मोर खड़री ला ओदारही नइ बचाय। अचानक हनुमान जी के सुरता आथे।

अंजनी पुत्र महा बलदाई, संतन के प्रभु सदा सहाई।

बुद्धु – (खिसिया के) मोर दुख हा तहूं ला नइ दिखत हे। बड़ा भगवान बने हस, सहायता करइया। खाय बोजे बर कइसे आ जथस, एके घांव म। अब आना यार, तब तोला जानौं मोर हितवा अस।

--00--

दृश्य-दस 'सी'

हनुमान जी हा भगवान श्रीराम के सेवा करत करत हा रोए ला धर लेथे।

श्रीराम जी – शंकर जी के जटा ले गंगा कस तोर आंखी ले आंसू कइसे धार फेंकत हे?

हनुमान जी – कोनजनी अपने अपन कइसे रोवासी आवथे।

श्रीराज जी – अपने अपन रोवासी नइ आवत हे हनुमान जी। तोर भगत बुद्धु हा कोनो बिपत म परे हे। ओह रो-रो के तोला बलावत हे।

हनुमान जी – त का बुद्धु हा मोला मोर स्वामी के सेवा घलो नइ करन दिही का?

श्रीराम – सेवा तो करन देवत हे, जा मोर डाहर ले बुद्धु के बिपत ला हर के आबे।

हनुमान – जो आज्ञा प्रभु।

जय श्रीराम (कहिके हनुमान जी हा बुद्धु करा जाय बर निकल जथे।)

--00--

दृश्य-दस 'डी'

(बुद्धु ह रोवत-रोवत बइठे हे, उही करा हनुमान जी हा टप्प ले पहुंचथे। बुद्धु ला देख के हनुमान जी हा मुस्काथे।)

हनुमान जी - फेर तोला का होगे बुद्धु? भगवान के हर हिन्छा सेवा घलो नइ करन देवस। ठउंका के बेरा म गोहराथस।

बुद्धु - ए दुनिया म मोर अऊ कोन हे सहयोग करइया तोर छोड़। अब तिंही बता तोला नइ बलाहूं त कोन ला बलाहूं।

हनुमान जी - अच्छा बता का तकलीफ हे, काबर रोवत-गावत बइठे हस?

बुद्धु - (आंसू पोंछत) टंगिया हा ना तरिया म गिर गे हे यार।

हनुमान जी - टंगिया ह गिरे हे ना तैं तो नइ गिरे हस ना।

बुद्धु - में नइ गिरे हंव ते का भइस। मोला तो महराज हा तरिया म गिरा दिही तेह।

हनुमान जी -(ढांढस बंधावत) फिकर झन कर बुद्धु मोर राहत ले। तोला तरिया म गिरन नइ दंव।

बुद्धु - अइसे, अतेक बानी वाले अस त चल तरिया ले टंगिया ला निकाल के देखा।

हनुमान जी -(आंखी मूंद के जै श्रीराम कही ताहन ओकर हाथ म सोन के टंगिया आ जथे।) ए ले तोर टंगिया ला धर बुद्धु।

बुद्धु - (अकचका जथे) एह मोर टंगिया नोहे। मोर टंगिया हा अइसन सोनहरी रंग के नइ रिहिसे।

हनुमान जी -(फेर आंखी ला मूंद के जै श्रीराम कहिथे ताहन चांदी के टंगिया आ जथे।) ए ले ए टंगिया ला धर।

बुद्धु - यहू मोर टंगिया नोहे। मैं नइ धरौं।

हनुमान जी - काबर?

बुद्धु - अइसन चांदी रंग के नइ रिहिसे मोर टंगिया हा।

हनुमान जी -(कंझा जथे) अच्छा पदोथस यार। फेर आंखी ला मूंद के जै श्रीराम कहिथे ताहन लोहाटी टंगिया हाथ म आ जथे। ए दे, ए टंगिया हरे ते नोहे तोर।

बुद्धु - (कुलक के) हां हांऽऽऽ इही मोर टंगिया आय।

(लोहा के टंगिया ला बुद्धु हा धरथे अउ हनुमान जी ला कथे।)

बुद्धु – मोर टंगिया मिलगे, तोर काम होगे, अब तैं जा।

हनुमान जी – काम होगे ताहन दुख बिसरागे। अब जा काहत हस, अब जांव कइसे?

बुद्धु – आ हस तइसे जाबे।

हनुमान जी – त ए दू ठन टंगिया ला कइसे करौं?

बुद्धु – एला तिंही लेग जा। गदा बरोबर टंगिया घलो तोर काम आही।

हनुमान जी – मैं नइ लेग सकौं बुद्धु।

बुद्धु – काबर?

हनुमान – मोर प्रभु पुछही तैं ए सोना चांदी के टंगिया ला कहां ले चोरा के लाए हस किही ताहन मैं का जवाब देहूं।
अइसे कर बुद्धु, ए दूनों टंगिया ला तिंही राख ले।

बुद्धु – मैं नइ राखौं यार, मैं मोर टंगिया ल लेगहूं, तोर टंगिया ला नइ राखौं। मुड़ी ले जादा वजन नइ बोह सकौं।
(हनुमान जी जबरन टंगिया ला बुद्धु ला धरा देथे।) ए ले, सम्हाल तोर टंगिया ला। (टंगिया ला धरा के पल्ला भागही।)

बुद्धु – नइ धरौं, नइ धरौं ए टंगिया मन ला लेग जा हनुमान जी, मोर जीव के काल हो जही, (काहत काहत दूनों टंगिया ला बुद्धु हा हनुमान जी ला धराए बर पीछू पीछू भागथे।)
(हनुमान जी ला बुद्धु नइ पहुंचा सकै, हनुमान जी हा कुछ दुर जा के अंतर्धान हो जथे।)

बुद्धु – (बुद्धु हनुमान जी ला खिसियाथे) तैं बिक्कट अलवइन हस यार। जब देखबे तब कुछु ना कुछु उदबीरिस करके जाथस अउ मोला दोंहदो ले मार खवाथस।

--00--

दृश्य-दस 'ई'

ओती ले रमेसर अउ महराज गुस्सा के मारे तमतमाए दंगर-दंगर आवत रथे।

महराज - (खिसियावत-खिसियावत) आज तो बुद्धु ला कुचरे बिना नइ छोड़व। जब देखबे तब लहो लेवत हे। ओकर हाथ गोड़ ला टोरे बिना नइ छोड़व। जब बांस नइ रही त बंसुरी कहां ले बाजही। एती ले बुद्धु हा लीच-लीच ले लकड़ी संग टंगिया ला बांध के बड़बड़ावत बडबड़ावत घर तनी आवत रहिथे। आज मोर नइ बांचे चोला तइसे लागत हे। (कहिके गरू के मारे कोंघरत-कोंघरत घर तनी आवत रथे।)

--00--

दृश्य-दस 'एफ'

(महराज अउ बुद्धु के रद्दा म उरभेट्टा भेंट हो जथे। महराज करा रमेसर आगी म नून डारे के काम करत रिहिसे। बुद्धु उपर महराज के नजर परिस। ताहन महराज हा तमतमाय ला धर लीस।)

महराज – (चिल्ला के पूछथे) टंगिया कहां हे रे?

बुद्धु – (डर्राती, डर्राती) टंगिया हवे ना ग।

महराज – तोर बुध ला लोकवा मार देहे का रे? तोला सरकारी अस्पताल म भर्ती कराय ला लागही तइसे लागत हे। टंगिया ला तरिया म गिरा डरे हस अउ हवे कहिथस। देखा तो तब तोला जानौं।

बुद्धु – (लकड़ी के बोझा ला खोल के टंगिया ला देखाथे)ए दे तो हे एक ठन नहीं तीन ठन हे।

महराज – तोर तो एके टंगिया हा तरिया म गिरे रिहिसे फेर ए कहां ले आगे तीन-तीन ठन टंगिया मन।

बुद्धु – नइ मारबे त बताहूं।

महराज – (पुचकारत) नइ मारों बुद्धु, बता ना ए टंगिया मन ला कहां ले पाय।

बुद्धु – मोर संगवारी ह दिस हे तेह।

महराज – कोन संगवारी ह दिस हे कहिथौं।

बुद्धु – हनुमान जी ह दिस हे।

महराज – ए सोना चांदी के टंगिया ला घलो रे।

बुद्धु – हव, सबो टंगिया ला तरिया ले निकाल के दिस हे।

महराज – अच्छाऽऽऽ

बुद्धु – तरिया म तो टंगियाच्च-टंगिया भराय हे। निकलइया के गतर चलही त तो।

महराज – चलौ तरिया ले अउ टंगिया निकालबोन।

बुद्धु – टंगिया ह तुंहर मन सन नइ निकले ग।

महराज – त काकर सन निकलही तेला बता।

बुद्धु – सिरीफ हनुमान जी के परताप ले निकलथे।

(महराज के तेवर, कोंवरा जथे। सोना चांदी के टंगिया ला देखथे

ताहन महराज ह लालच म आ जथे।)

(बुद्धु महराज ले मार के डर म भागे ला धरथे। महराज हा बुद्धु के हाथ ला धर के बइठारथे, मया करथे।)

महराज – नइ मारौं बेटा, मोर सोन के दिड़हा, मोर चांदी के रसगुल्ला। अइसने मांगे कर बेटा, मांगे कर। हनुमान जी करा सब मांगे कर। चांउर मांगे कर, दार मांगे कर, साग मांगे कर, दार मांगे कर, हमर दलिदरी दुर हो जही बुद्धु। बुद्धु तैं बुद्धु नइ हस बेटा, हुशियार हस रे, हुशियार हस।

रमेसर – हुशियार-उसियार कुछु नइहे- एह टोनहा हे टोनहा। तभे तो लोहा के टंगिया के संगे-संग सोना चांदी के टंगिया बना डरिस।

महराज – त गांव गोहार काबर पारत हस रे लफरहा, चुप्प। तुंही ल बने संहरावत रेहेंव बने हे कहिके फेर लबारी मार मार के बुद्धु ला मार खवावत हस। ले तो अब तोला पीटथौं, तब पता चलही कइसे लागथे तेह।

(रमेसर ला रट्ट-रट्ट ठठाए ला धर लेथे।)

रमेसर – बचाओ, बचाओ कहिके चिल्लाथे।

बुद्धु – झन मार महराज, झन मार (महराज ला मना करथे रमेसर ला मारे बर।)

महराज – आज तो बुद्धु के सेती तोला छोड़ दे हौं, जादा करबे ते तोर पिंडा पढ़वा देहूं।

(महराज के नजर म बुद्धु के मान बाढ़ जथे। रमेसर मने मन कुढ़थे)

--00--

दृश्य-ग्यारह

एक दिन ठगिया ह बुद्धु घर आथे। रमेसर, महराज, अउ बुद्धु ह सब अपन अपन बुता म लगे रथे। महराज के कुरता ह खूंटी म अरोय हे। झीम-झीम देख के ठगिया हा महराज के कुरता ले रूपिया ला निकाल के चल देथे। रूपिया निकालत अउ जावत ठगिया ला बुद्धु देख डरथे। फेर ठगिया ला ए बात नइ मालूम की मोला कोनो देखे हे।

--00--

दृश्य-ग्यारह 'ए'

महराज -(खटिया म बइठे बइठे) अरे रमेसर कहां हस रे?

रमेसर - आवत हौं महराज। (महराज के तीर म आथे।)

महराज - चाहा बना तो रे।

रमेसर - सक्कर चाय पत्ती तो सिरागे हे।

महराज - त बताते नहीं जी, जा तो खुंटी ले मोर कुरता ला लाबे।

रमेसर - हव

(रमेसर कुरता ला लान के महराज ला देथे।)

महराज - जा तो एक पाव सक्कर अउ दू रूपिया के चाहा पत्ती लानबे। (थैली ला टमरथे। एक थैली म रूपिया नइ मिलै त दूसर थैली ला देखथे।) आंय (आश्चर्य) थैली के रूपिया ला कोन हेर लिस रे?

रमेसर - हम तो नइ हेरे हन, बुद्धु हेरे होही।

महराज - तें चोराय बर अउ बुद्धु के नाव लगाथस, बजेड़हू ते तोर होस ठीकाना आ जही।

(तीर म लकड़ी माड़े रहिथे तेमा महराज ह रमेसर ला मारे बर धर लेथे।)

(मारथे त लकड़ी ला हाथ म छेंकत-छेंकत ए दाई वो, ए ददा गा)

महराज - तैं अपन दाई-ददा ला गोहरावत हस रे नानजात। दाई के ठीकाना न ददा के।

चढ़ौतरी के रूपिया ला अइसने चोराहू त घर ला कइसे चलाहूं। काम न धाम के खाए बर बजरंगा।

(कही कही के बिक्कट ठठाथे, रमेसर रोवत-रोवत मार खावत रहिथे।)

(बुद्धु ह दंउड़त आ के रमेसर उपर सुत जथे। अब लउठी के मार हा रमेसर के बदला म बुद्धु ला परे ला धर लेथे।)

बुद्धु – (लउठी ला छेंकत) नहीं महराज रमेसर भैया हा रूपिया ला नइ चोराय हे। झन मार महराज, झन मार, भैया ला छोड़ दे। करम कोई करे अउ भरे कोई।

महराज – त कोन चोराए हे रे?

बुद्धु – (लबारी मार देथे) मैं चोराए हौं महराज।

महराज – तुही ला बने जानत रेहेंव। तहूं हा चोरहा होगेस। तैं ओ टंगिया मन ला घलो चोरा के लाने होबे। रमेसर सिरतोन कथे- तैं चोरहा अस कहिके।

रमेसर – (रमेसर ला घलो मउका मिलगे। अब तो रमेसर घलो बुद्धु ला लाते-लात मारे ला धर लीस।)पान तैं खाथस अऊ दाग मोर कपड़ा म उपकत हे। चोरहा कहिंके।

महराज – बुद्धु- अब तोला ए घर म नइ राखौं रे। तोर मारे हक खागे हंव।

बुद्धु – मैं कहां जाहूं महराज, तोर सरन ला छोड़ के। मार डर चाहे काट डर।

महराज – तैं अइसने म एकाद दिन नाक ला कटवा देबे।

(ठगिया एकर-लड़ई झगरा ला सुन के दउंड़त आथे।)

ठगिया – नाक ला बुद्धु नइ कटवाय महराज जी।

महराज – चोरी करे ला सीख गेहे तेह का नाव जगाही।

ठगिया – मोला माफी देहू महराज। तुंहर कुरता के बीस रूपिया ला मेंह चोराय रेहेंव।

महराज – तेंह कब ले चोराए ला धर ले टूरी? (महराज हा टूरी ला मारथे तेह जोर से बुद्धु ला पर जथे अउ बेहोश हो जथे।)(मुहूं म पानी छिटकथे, आंखी खुलथे त सीधा ठगिया दिखथे।)

ठगिया - (मया म) फोकटे-फोकट अपन उपर चोरी के भार ला काबर बोहे बुद्धु?

बुद्धु - में जानत रेहेंव ठगिया। महराज के रूपिया ला चोराय हस कहिके।

ठगिया - त काबर नइ बताय महराज ला?

बुद्धु - बता देतेंव त ठगिया चोट्टी हे कहिके हल्ला नइ पर जतीस।

बुद्धु - चोट्टी के कहिके तोर बर सगा नइ उतरतीस।

ठगिया - मोर बर तो पहिलीच ले सगा उतर गे हे।

बुद्धु - कोन ए वो किस्मत वाला ह तेला बता ना ।

ठगिया - चल हट्ट।

(ठगिया बुद्धु संग मया करथे अउ रमेसर ह ठगिया सन)

(रमेसर-ठगिया, ठगिया-बुद्धु ला ध्यान रखत ददरिया।)

--00--

दृश्य-बारह

(महराज झांख-झांख के देखत रही। महराज ह ठगिया ला बुद्धु बर बहू के रूप म देखही। रमेसर ठगिया ला अपन गोसइन के रूप म देखही।)

(गाना सिराथे ताहन महराज अउ रमेसर हा बुद्धु अउ ठगिया के तीर म आथे।)(बुद्धु अउ ठगिया महराज करा डर्रावत-डर्रावत आथे।)

महराज - तोला डर्राए के कोनो बात नइये बुद्धु। तुंहर दुनों के जोड़ी राम सीता कस फभत हे। एसो दुनों के भांवर परवा दुहूं (बुद्धु अउ ठगिया के हाथ ला मिला देथे। ठगिया अउ बुद्धु टुप-टुप महराज के पांव परथे।)

--00--

दृश्य-तेरह

(ठगिया कान म दवना खोंचे, सुंदर पाटी पारे (ग्रामीण सिंगार) बेनी ला हलावत हलावत खो-खो खेले बर जावत रहिथे।)

रमेसर – ठगिया।

ठगिया – (मुहुं ला मुरकेट के) काएऽऽऽऽ

रमेसर – तोर कान के दवना हा तो मोर जीव ला लेवत हे, ठगिया।

ठगिया – मोर जीव ला तो दुसर ले डरे हे।

रमेसर – कोन बुद्धु हा

ठगिया – (लजा के) तोला थोरको लाज नइ आवय।

रमेसर – (सेखी बघारत) बुद्धु म अइसे का हे? जउन मोर म नइहे मोर चंदा (अपन हाथ ला अटिया के छाती ला फूलो के सब ला देखाथे। हाय मोर गोंदा फूल, मोर संग बिहाव नइ करस।)

ठगिया – नहीं

रमेसर – काबर

ठगिया – अउ काबर, तोर तो कांच तड़क गेहे अउ पेंदी फूट गेहे।
(रमेसर के संग म दू तीन झन टूरा मन रहिथे। उमन खलखला के हांस डरथे।)

रमेसर – कोन किहिस हे?

ठगिया – हमला तो बुद्धु हा पहिलीच ले बना डरे हे।

रमेसर – अच्छा, बुद्धु के सेती ठगिया हा मोर डाहर ला हिरक के नइ देखय। (गुस्सा के) अब तो बुद्धु ला नइ छोंड़व।

--00--

दृश्य-चौदह

(निर्देशक बुद्धु अउ ठगिया के बिहाव होवत देखा सकथे।)

(प्रतीक के रूप म माला पहिरावत सात फेरा घुमत देखाए जा सकथे।)

--00--

दृश्य-पन्द्रह

(ठगिया मोटरा चोटरा धरे गुनमुन-गुनमुन करत बाहिर निकलत रहिथे। ओइसने म बुद्धु के आती होथे।)

बुद्धु – कहां जाथस ठगिया। मोटरा-चोटरा बांध के।

ठगिया – मरे बर जाथौं, अउ कहां जाहूं।

बुद्धु – काबर मरबे तेला बताबे?

ठगिया – काला बताबे, बताए के लइक रही तेला बताहूं।

बुद्धु – बता ना अइसे का बात ए तेला।

ठगिया – सुन सकबे।

बुद्धु – हव ले बता।

ठगिया – ए घर म रमेसर रही या मैं रहूं।

बुद्धु – काबर, अइसे का बात होगे हे।

ठगिया – अऊ काबर, रमेसर के नियत खराप हे तेह

(अतका ला सुनिस ताहन बुद्धु के मइन्ता हा ठगिया बर भोगागे।)

बुद्धु – देख ठगिया, तेंह रमेसर जइसे देवता बर फालतू के इल्जाम झन लगा।

ठगिया – मैं फालतू के इज्लाज काबर लगाहूं जोड़ी।

बुद्धु – मैं अतेक बुद्धु नइ हंव ठगिया जतेक समझत हस, समझे चार दिन घर आए नइ होय हे अउ तिरिया चरितर चालू होगे। तैं हर दूनों भाई म फूट डलवाना चाहत हस। अब तोर बर ए घर म जघा नइ हे ठगिया।

(मारत-पीटत चुंदियावत ठगिया ला बुद्धु हा निकालत रहिथे)

ठगिया – मोला झन निकाल जोड़ी, तोर दासी बन के जिनगी ला काट लुहूं जोड़ी। मोला अपन पांव के धुर्रा बना के राख ले राजा ए हें हेंऽऽऽऽ

रमेसर –(मारपीट ला छोड़ावत) झन मार बुद्धु, झन मार, समझा के राख ले।

बुद्धु – नहीं भइया लात के देवता बात म नइ मानै। अब ए कलमूही हा ए घर म नइ राहै भइया।

(लड़ई झगरा अऊ रोहा राही ला देख सुन के पारा के मन सकला जथे। इही समे म महराज घलो पहूंच जथे।)

महराज – अरे का होगे रे बुद्धु। ठगिया के हाथ के मेंहदी अउ पांव के मांहूर छूटे नइहे अउ लड़ई झगरा मातगे।

बुद्धु – देख ना महराज, सादा कपड़ा कस उज्जर रमेसर भइया उपर फदफद ले दाग लगावत हे।

महराज – अभी तो तेंह मोर उपर दाग लगावत हस। घर के बात ला बाहिर म ला के (भीड़ ला खेदारत)ए लड़ई-झगरा ला टार (भीड़ डाहर इसारा करत) चलो जी जाव तहूं मन अपन-अपन घर। जबरन भीड़ लगा हव।

--00--

दृश्य-सोलह

(ठगिया हंवला ला बोहे हाथ म बाल्टी धर के पानी भरे बर कुंआ जाथे। हंवला ला मांजथे ताहन निहर के कुंआ ले बाल्टी के सहारा पानी निकालत रहिथे। रमेसर मउका पा के ठगिया के पीछू आ के कुंआ म धकेल के प्रयास करथे।)

ठगिया – (हड़बड़ा के) कइसे करथस रमेसर, कइसे करथस।

रमेसर – (खिसियाय बिलई खम्भा नोचे) कइसे करथौं बने तो करत हौं। तोर सेती मैं अब तक ले कुंवारा बइठे हवौं अऊ तैंह बुद्धु संग बिहाव कर लेस। तैं मोर नइ होय त लोला बुद्धु के घलो नइ होवन दवं।

(रमेसर चिंगी चांगा उठा के ठगिया ला कुंआ म धकेल देथे। ढकेले के बाद रमेसर हल्ला मचाथे) बचाव, बचाव, बचाव, बुद्धु ह ठगिया ला कुंआ म ढकेल देहे। बचाव, बचाव, बचाव।

--00--

दृश्य-सत्रह

(एक कान ले दुसर कान, दुसर कान ले तिसर कान। अइसे तइसे बात हा गांव भर बगरगे। सुन सुन के गांव भर कुंआ पार म सकलागे। पूरा भीड़ के आक्रोश बुद्धु उपर झलकागे। जउन मन झगरा ला सुने रिहिन उमन गोठियाय ला धर लीन।)

--00--

दृश्य-सत्रह 'ए'

(माईलोगन मन के फुसुर फासर)

खोरबाहरिन - अई, काबर ढकेल दिस होही य राम्हीन।

राम्हीन - हम नइ जानन दई, न उधो के ला जानन न माधो के ला।

खोरबाहरिन - तेंह जानथस य भागबती उधो अउ माधो के ला।

भागबती - टार दई, हम उधो अउ माधो के ला तो नइ जानन हां फेर बुद्धु अउ ठगिया के झगरा ला बिहनिया सुने रेहेंव।

राम्हीन - का सुने रेहे।

भागबती - बुद्धु ह ठगिया ला काहत रिहिसे।

खोरबारहिन - का काहत रिहिसे य?

भागबती - तोला मार डरहूं कहिके।

खोरबाहरिन - अईऽऽऽऽ मोला काबर मारही य।

भागबती - तोला नहीं, ठगिया ला मारहूं काहत रिहिसे।

खोरबाहरिन - अच्छा इही पाय के बुद्धु हा ठगिया ला कुंआ म ढकेल देहे वो, मारे बर चु...चु...चु...

राम्हीन -(आश्चर्य) अइसे का, राम, राम, राम, बिचारी ला मार डरिस वो बुद्धु ह। हत रे हइत्तारा।

--00--

दृश्य–सत्रह 'बी'

(बेटा जात मन के फुसुर फासर)

संतूलाल – कइसे पंचू बुद्धु हा ठगिया ला कुंआ म काबर ढकेल दे होही।

पंचूराम – काबर ढकेले होही तेला हम नइ जानन भइया। बिहाव होय चार महिना होय नइहे।

रमेसर – बिहाव होय चार महिना होय नइहे ते का होइस। फेर बुद्धु ला तो मंतर सिखत चार साल होगे हे।

पंचूराम – कइसे गोठियाथस रमेसर?

रमेसर – बने तो गोठियाथौं। बुद्धु हा अपन मंत्र के सिद्धी पाय बर ठगिया ला कुंआ म ढकेले हे।

संतूलाल – तभे तो सोंचत रेहेंव। गांव म कइसे पोकरीं आवत हे, गाय गरू मन ला खुरा चपका होवत हे।

(धीरे-धीरे एक दूसर के कान म डारत-डारत सब जान डरथे)

पंचूराम – अरे बुद्धु हा टोनहा हे रे, एह गांव ला बिगाड़े बर मरत हे।

एक आदमी – (घुस्साय) एह मंतर के सिद्धी पाय बर आज ठगिया ला मारे हे काली गांव भर ला सिद्ध कर दिही। अब टोनहा ला का देखत हौ रे....चलौ मारौं रे...

दूसर आदमी – चलौ मारौ रे....

(सब मारत पीटत संवाद बोलत हे।)

रमेसर – ठगिया ला मार डरेस रे।

बुद्धु – में नइ मारे हौं भइया।

एक आदमी – तैं जादू मंतर सीखत हस रे।

बुद्धु – मैं जादू मंतर नइ सीखत हौं।

दूसर आदमी – तैं ठगिया ला मंतर सिद्धी बर कुंआ म ढकेल देस बुद्धु।

बुद्धु – मैं नइ ढकेले हंव, मैं नइ ढकेले हवं।

रमेसर – त का हनुमान जी ढकेले हे?

पंचूराम – अब बला ना तोर हनुमान जी ला। कुंआ ले ठगिया ला निकालही।

संतूलाल – बला ना, बला हनुमान हा तोला बचाही।

रमेसर – अब बला ना हनुमान ला तिंही तो काहत रेहे टंगिया ला हनुमान

दे रिहिसे कहिके। अब बला ना तब जानौ।

एक आदमी - (तमतमा के) बला न, बला न

बुद्धु - (हाथ जोड़ के) जय हनुमान ज्ञान गुन सागर, रक्षा करो प्रभु रक्षा करो।

--00--

दृश्य-अट्ठारह

(भगवान श्रीराम अउ सीता जी के आघु म बइठ के हनुमान जी हा मंत्र जाप करत हे।)

सिया राम मय सब जग जानी
करहूं प्रणाम जोरी जुग पानी।

(मंत्र जाप करत-करत हनुमान जी हा हकरत रहिथे। झन मारो ना मोर रक्षा करो प्रभु, रक्षा करो)

श्रीराम जी - का तकलीफ म हवस हनुमान जी?

हनुमान जी -(झकना के) मोला तो कुछु तकलीफ नइ हे प्रभु।

श्रीराम जी - अच्छा समझ गेंव। तोला नहीं तोर भगत बुद्धु ला भारी तकलीफ हे। बुद्धु उपर भारी बिपदा आगे हे। हनुमान जी। ओला गांव वाले मन फोकटे-फोकटे बदनाम करके दोंगरत हे। ते नइ जाबे ते बुद्धु के परान छूट जही हनुमान जी।

हनुमान जी - घेरी-बेरी कतेक ला जांव प्रभु। महूं ला भीड़ म जवई अच्छा नइ लागे।

श्रीराम जी - अच्छा तो भगत के जीव छूट जही त तोला बने लागही ना।

हनुमान जी - अच्छा तो नइ लागे भगवन। अइसन म में का करौं प्रभु। उपाय बताव प्रभु, उपाय बताव।

श्रीराम जी - जा अपन भगत के रक्षा कर। जा मोर बरदान हे। तैंह भीड़ म नइ दिखाई देवस। सिरिफ बुद्धु हा तोला देख सकथे।

हनुमान जी - जो आज्ञा प्रभु।

(जय श्रीराम कहिके वो मेर ले चल देथे।)

--00--

दृश्य-उन्नीस

(बुद्धु ह बचाओ प्रभु कहिके हनुमान जी ला गोहरावत रहिथे।)

(हनुमान जी हा बुद्धु ला दरसन देथे। बुद्धु दोनो हाथ जोड़ के बिनती करथे रक्षा करो प्रभु, रक्षा करो।)

हनुमान जी - (प्रगट होथे) अब चिंता झन कर बुद्धु। मैंह आगे हंव।

(जय श्रीराम कहिके हनुमान जी के अदृश्य रूप हा भीड़ ला गदा म दांय-दांय ठठाथे मार परे ले भीड़ हा ए दाई वो, ए ददा ग कहिके गोहराथे।)

(बुद्धु ह थपरी-पीट-पीट के हांसत रहिथे।)

रमेसर - (चिल्लाथे) अरे बाप रे, ए दाई वो कहिके हाथ गोड़ ला एती ओती टमरत रहिथे।

बुद्धु - (ताना मारत) कइसे लागत हे रमेसर

रमेसर - तेंह मंतर मारत हस ना। हम्मन ला भूत करा मरवावत हस।

बुद्धु - मेंह मंतर नइ मारत हौं, न ही तुंहला भूत मातर हे, रमेसर तुंहला तो हनुमान जी के गदा ह मारत हे।

रमेसर - जब सिरतोन के हनुमान जी हा हम्मन ला मारत हे त हम्मन ला दिखै काबर नहीं।

महराज - वाजिब ताय बुद्धु, हम्मन ला काबर नइ दिखै।

हनुमान जी -(प्रगट होथे)

पोथी पढ़ि-पढ़ि जग मुआ, पंडित भया न कोय।
ढाई आखर प्रेम की पढ़े सो पंडित होय।

सुनेंव महराज तुमन बुद्धु बरोबर मोर संग प्रेम करहू, छलकपट ले दुरिहा रहि के मोला बलाहू त मैं तो आतेत रइहवं संग म जग के तारनहार भगवान श्री रामचंद्र जी ला घलो जन कल्याण बर लाहूं।

भीड़ - हमला माफी देहू हनुमान जी, हमला हमर करनी के फल मिलगे। एती हम्मन गलत काम नइ करन। (कान पकड़ के किरिया खाथे)

संतुलाल - हव अब एती गलती नइ करन।

पंचूराम - कोनो ला तकलीफ नइ देवन।

महराज - (हनुमान जी ले) लेव प्रभु ठगिया ला कुंआ ले निकाल दव।

पर हित सरीस धर्म नही भाई।
पर पीड़ा सम नहीं अधमाही।

हनुमान जी - अच्छा गदा के मार परे ले पीछू डाहर गे आंखी हा आघु डाहर अइस।

बुद्धु - हनुमान जी, मोर बिपदा ला टार दे भगवान। कइसनो करके एक झन मया के छांव मिले रिहिसे उहू ला गंवा डरे हंव। कइसनो करके लहूटा दे प्रभु।

हनुमान जी - मैं बाल ब्रम्हचारी, माईलोगन मन के छइंहा ला घलो नइ खुंदे हंव। तोर गोसइन ला कहां ले खोजहूं जी।

बुद्धु - कइसे गोठियाथस प्रभु जब भगवान श्रीराम चंद्र जी के जोड़ी माता सीता जी ला खोज सकथस त मोर जोड़ी ला खोजे बर काबर ढेरियावत हस?
अतके किरपा कर दे बजरंग बली।

हनुमान जी - ठीक हे रे भइया। अब का करौं। मोर भागे म अइसने लिखा हे तेला। (आंखी मूंद के जय श्रीराम कहिथे ताहन विश्वसुन्दरी ऐश्वर्या राय कुंआ ले निकल के खड़ा हो जाथे।)

हनुमान जी -(बुद्धु ला देखा के)- बुद्धु ए दे तोर घर गोसइन एकर अंगरी ला धर अऊ मोला बरी कर।

बुद्धु - (हड़बड़ा के) एकर अंगरी ला नइ धर सकौं महराज।

हनुमान जी - काबर जी?

बुद्धु - ए मोर गोसइन नोहे।

हनुमान जी - नो हे, त का मुही ला भोरहा होगे का जी?
(फेर आंखी ला मूंद के जै श्रीराम कहिथे ताहन फेर कुंआ ले झमाझम छम्म छम्म करत काजोल हा कुंआ ले बाहिर निकल के ऐश्वर्या राय के बाजु म जा के खड़ा हो जथे।)

हनुमान जी - ए ले, अब तोर मन माड़िस।

बुद्धु - भगवान। काबर हांसी कराथस जी? मोर ठगिया ह तो लजकुरहीन हे। इंकर असन चमकुल थोरे हे।

हनुमान जी - यहू नो हे का जी, मैं तो आफद म पर गेंव ना।

(हनुमान जी हा फेर आंखी ला मूंद के 'जय श्रीराम' कहिथे ताहन ठगिया हा कुंआ ले निकल के हनुमान जी अउ महराज के टुप्प टुप्प पांव परथे। बुद्धु ला देख के मुस्काथे अउ रमेसर ला देख के मुहुं ला मुरकेटथे।)

हनुमान जी - (बिसवास से) ए हरे ना जी बुद्धु तोर ठगिया।

(संगीत- कुछ समय तक बुद्धु सोंच म पर जथे- ठगिया ला देखत रहि जथे।)

हनुमान जी - बोलत काबर नइ हस जी।

बुद्धु - यहू नोहे भगवन

हनुमान जी (आश्चर्य) यहू नोहे, कस बुद्धु, बेईमान अपन गोसइन ला नइ चिन्ह सकत हस।

बुद्धु - का करौं लंगूर वीर, टंगिया ह तरिया मा गिरे रिहिसे, जब आप ला निकाले बर केहेंव त तरिया ले तीन ठन टंगिया निकाल के मोला थम्हा दे रेहेस

(तीनों माइलोगन डाहर हाथ देखावत यहू तीनों सुन्दरी मन ला मोला थम्हा देबे ते मैं तो बिन मारे के मर जहूं। (बिनती करत) अतेक बड़ किरपा झन करौ दयालु, मोला जीयत खान दव। मैंह ठगिया भर ला लेगहूं।)

हनुमान जी - एवमस्तु (कहिके अन्तर्ध्यान हो जथे)

--00--

(छत्तीसगढ़ी लघु फिल्म)

पठौनी

दृश्य-एक

स्थान-रेल्वे स्टेशन

(रेल्वे स्टेशन, बाहिर रिक्शा के उपर सदासिंग पीटर खां (एस.एस.पी.के) गोड़ ला तान के मुड़ी ला टोपी म तोप के फिल्मी स्टाइल म चित्ता लेटे हे। रिक्शा अपटूडेट हे, साउंड बाक्स, पों-पों लगे हे।)

(साजन फिलिम के गीद-देखा है पहली बार, साजन के आंखों में प्यार बाजत हे।)

(उही समे रेलगाड़ी हा छुक छुक करत आ के स्टेशन म रूकथे। सूटकेस धरे, बैग ला अरोए चटक मटक सहरनीन टूरी हा रेलगाड़ी ले उतर के स्टेशन के बाहिर आथे। एती ओती देखथे। सदासिंग पिटर खां के रिक्शा के उपर टूरी के नजर पर जथे रिक्शा के तीर म जा के।)

टूरी - हलो। रिक्सा खाली है क्या?

(केमरा सदासिंग ला पकड़थे। सदासिंग आवाज ला सून के मूड़ी के टोपी ला सरकाथे। सदासिंग अउ टूरी के नजर एकाएक मिल जथे। सदासिंग हा देखा है पहली बार साजन के आंखों में प्यार गुनगुनावत टूरी के तीर म आथे। तीर म आवत देख के टूरी हा सदासिंग ला कस के तमाचा मार देथे। सदासिंग अकबका जथे।)

टूरी - इडियट। मैं तुम्हारी प्रेमिका दिखती हूँ क्या?

सदासिंग - सॉरी मेडम, सारी मेडम (हल्ला गुल्ला ला सुन के तीर-तार के मनखे मन सकेला जथे।)

दर्शक एक - क्या हुआ बहन जी?

टूरी - देखिए ना, रिक्शा खाली है क्या पूछने पर मुझे छेड़ने की कोशिश कर रहा है।

दर्शक दो - (तमतमा के) क्यों बे। अकेली लड़की देख कर छेड़ता है।

दर्शक एक - तेरी मां-बहन नहीं है क्या?

सदासिंग -(विनम्र हो के) नइ हे ददा।

दर्शक दो - अभी पता चल जायेगा कि तेरी मां बहन है या नहीं। मारो साले को।

(एकर बाद भीड़ लात घुंसा ले मारे के सुरू कर देथे।)

दृश्य-दो

स्थान-सदासिंग के घर

बेरा-दस बजे बिहनिया के आसपास

(केमरा कुरिया के मुहाटी ला पकड़थे, रेल्वे स्टेशन के घटना ला सदासिंग हा सपना म देखत रहिथे। कुरिया भीतरी सदासिंग हा ए ददा गा, ए दाई वो मोला मार डरही दाई वो, मोला बचा ले ददा, मोला बचा ले गा कहिके मार गोड़ हाथ ला झटकार-झटकार के चिल्लावत रहिथे।)

(सदासिंग के ददा हा कुरिया के तीर म आथे। सदासिंग के आवाज ला सुन के ए टूरा ला का होगे?)

ददा – सदा, अरे सदा, का होगे रे? कइसे बोबिंयावत हवस? बेंस ला तो खोल रे। उं हूंऽऽऽऽ (खिसिया के) खोल ना रे (सकरी ला जोर जोर से खटखटाथे।)

(सदासिंग हा पट्टी वाले पैजामा चिरहा बनियान ला पहिरे आंखी ला रमजत-रमजत दरवाजा ला खोल के बाहिर निकलथे।)

ददा – (बेटा ला देख के) आजकल तैंह सपना म बड़ बोंबियावत हस रे। एदे, सपना म कपड़ा लत्था ला घलो चीर डरथस। बेरा ला देखे हस। कहां चघगे हे तेला।

सदासिंग – काकर उपर कोन हा चघ गे हे ददा?

ददा – (मुंहू कान बनावत, दांत ला किटकिटावत् आंखी ला देखावत) मारहूं भक्क ले ते फक्क ले फूट जबे।

सदासिंग – का केहे?

ददा – अबे पहिली तो ए पोंगा ला कान म खोंच (ददा हा सदासिंग के कान म पोंगा ला खोंच देथे।) हताश होके कथे– 'नोहर सोहर के बाबू होइस तहू हा भैरा।

सदासिंग – (सुनाए ला धर लेथे।) त चिल्लावत काबर हस ग? कान हा झन्ना गे साले हा

ददा – अभी तो काने भर हा झन्ना हे बेटा (चिट्ठी ला देखावत) एती का का झन्नाही तेला एमा देख।

सदासिंग – बिहनिया ले एकाद पाव मार दे हस का ग ददा?

ददा – तान के एक राहपट देहूं ते ससुरार ला देख डरबे रे।

सदासिंग – ससुरार

ददा –(चिट्ठी ला देखावत) एदे ससुरार ले चिट्ठी आहे बेटा, पठौनी लेवाए बर बलाए हे।

सदासिंग –(आश्चर्य से) काकर ससुरार अउ कइसन पठौनी?

ददा – तोर ससुरार अउ तोर पठौनी।

सदासिंग – (अनजान) त मोर बिहाव कब होगे ग?

ददा – (बीते दिन के सुरता करत) ते नानकुन रेहे बेटा। तोर दाई हा बीमारी म जब खटिया धरिस ते उठबे नइ करिस रे। (आंखी डबडबा जथे) तोर दाई ह मरे हे पाहरों 'तोर हाड़ म हरदी चुपर के दू बीजा चाऊंर टिक के तर जहूं जोड़ी' किहिस बेटा ताहन तोर बिहाव ला ननपन म कर देंव बेटा। अब तिंही बता तोर बिहाव करके काऽऽऽऽऽ पाप करे डरेंव।

सदासिंग –(आंसू पोंछत) नहीं ददा, तैं कोनो पाप नइ करेस। तिंही मोर दाई अउ तिंही मोर ददा अस ददा!

ददा – अइसने कहि-कहि के कब तक ले मोला चुरोबे बेटा। नाती-पोती देखे के दिन म।

सदासिंग – बस ददा, अब संसो झन कर। मैं जाहूं ददा जाहूं पठौनी ले बर।

ददा – ले अब जा नहा धो के जल्दी तैयार हो, मैं तोर बर चाहा पानी बना के राखत हौं।

--00--

दृश्य-तीन

समय-मंझनिया

जघा-सदासिंग के कुरिया/परछी

(सदासिग के कुरिया, जिंहे चारो तनी दिवाल हिरो हिरोवइन के पोस्टर टंगे हे। सदासिंग अपन आप ला एक हिरो से कम नइ समझे। हिरो स्टाइल म पेंट सर्ट पहिरे के बाद दरपन के आघू मुड़ी कोरत खड़े हे।)

सदासिंग - (मस्ती में) देखा है पहिली बार......उहूंऽऽऽऽ रा गाना ला नइ गांव, एमा मार खा जथौं।

ददा - (मया म) तइयार होगेस ग बाबू

सदासिंग - आथौं ग...

(परछी नुमा जघा म ददा ला सदासिंग हा चाहा देथे। चाहा ला झोंके के बाद ददा ह सलुखा के खुंजराहा चार ठन दस-दस के नोट निकाल के सदासिंग ला देथे।)

ददा - (करूण भाव म) आज तोर दाई रहितीस ते बेटा, तोर ससुरार बर बरा, सोंहारी अउ अइरसा बना के जोरतीस बेटा। (खुशी म आंसू पोंछत) अब तैं ससुरार लेगे बर उही डाहर केरा-वेरा ला बिसा लेबे।

सदासिंग - हव ददा।

ददा - देख बेटा अपन रद्दा म जाबे अउ अपन रद्दा म आबे ना। जादा फांकबे झन अउ पीबे खाबे झन, ससुरार के कारोबार ए।

सदासिंग - ओऽऽ ददा। जानत हौं। पठौनी लेवाए बर जावत हौं ना। (पुचपुचावत) अब जादा बिल्होर झन। बेरा होवत हे। (सदासिंग जल्दी जल्दी अपन ददा के पांव परथे)

ददा - खुश राह बेटा, खुश राह।

(एक ठन झोरा जेमा पेंट सर्ट, चड्डी बनियान लुहंगी जोराए रहिथे। तेला रिक्शा के सीट भीतरी दबाथे। रिक्शा म उद्बती जला के पूजा पाठ करके खोंचथे। रिक्शा के पांव परे के बाद)

सदासिंग - चल राम प्यारी

(कहिके रिक्शा म बइठ के अपन ददा टा-टा, बाय-बाय करत

रिक्शा चलावत मस्ती म झूमत सदासिंग पठौनी लेवाए बर चल परथे।)

(जइसे रिक्शा चलथे ओइसने सदासिंग टेप रिकार्ड चालू कर देथे। बाक्स ले बैतल राम के गाना बाजथे। मैं रिक्शा वाले आंव जल्दी के जवइया......रिक्शा आगु डाहर बढ़ जथे।)

--00--

दृश्य-चार

(सदासिंग कुछ दुर जा के अवइया गांव के तिगड्डा जिंहे बस रूकथे। उही मेर सदासिंग हा रिक्शा ला रोकथे। बोर्ड ला देखथे अपन ससुरार के नाव कुरूद ला पढ़थे पढ़ के रिक्शा ले उतरथे। उतरे के बाद सू-सू करे बर जाथे। खड़ा हो के किसाप करथे। किसाप करे के बाद पेंट के चैन ला चघाय बर बिसर डरथे।)

(इही तिगड्डा म बस के इंतजार करत गुरूजी खड़े रहिथे। गुरूजी हा सदासिंग के चैन ला खुल्ला देख के इशारा करथे। सदासिंग हा धरा-पसरा पेंट के चैन ला लगाथे। ही-ही करत अपन भूल ला टाल देथे।)

सदासिंग – (गुरूजी के तीर म आथे अउ पूछथे) कहां जाबे भइया?

गुरूजी – मैंह पढ़ाय बर जाथौं? अउ तैंह कहां जाथस?

सदासिंग – मैं पठौनी लेवाय बर जावत हौं। चल ना रिक्शा म बइठ दुनों कोई गोठियावत-बतावत निकल जबो।

(सदासिंग जइसे रिक्शा म बइठथे ओकर कान के मशीन ह सुर्रा के हिट जथे। सदासिंग रिक्शा चलावत हे अउ गुरूजी हा रिक्शा म बइठे अपन संस्मरण सुनावत रहिथे।)

गुरूजी – इही गांव म नौकरी के सुरूआत होइस अउ इहें रिटायर होहूं। अवइया महिना म रिटायर होवत हौं। मैं ए तीर तार के कतनो लइका मन ला पढ़ाये लिखाये हौं। कतनो बाबू मुंशी होगे। कतनो हा सफल कृषक बनगे त कतको मन रोजगार धंधा म लगगे। मोर पढ़ाये लइका मन कोनो खाली नइहे। पहिली तो गुरूजी मन ला देवता कस मानय। पांव पलागी करय। नेवता हिकारी देवय। झोरा-झोरा साग भाजी जोरय। हम्मन तो कतनो दिन ले सागे नइ बिसावन। आजकाल तो जैं हिन्द करे ला बिस डरे हे। आजकाल तो गुरूजी के आघु म पढ़इया लइका मन बीड़ी सिगरेट पियत रहिथे। थोरको लाज सरम नइ आवय। अइसने मन बर तो सियान मन सीख देथे-

पढ़बे लिखबे ते बनबे नवाब।

पीबे खाबे ते बनबे खराब।।

पहिली लइका मन ला पीट-पीट के पढ़ावत रेहेन तेकर सेती ठोस राहैं फेर

आजकाल तो थोकिन छू देबे ते लइका के बाप हा स्कूल म चढ़ई कर देथे। नेतागीरी सुरू हो जथे। तेकर सेती न आजकाल गुरूजी मन बने मन लगा के पढ़ावै न लइका मन बने पढ़े। आजकाल के गुरूजी मन बर तो स्कूल हा टाईम पास होगे हे। गुरूजी मन धर म मार मरत ले काम बूता करथे अउ स्कूल म आके नींद भांजथे। फेर मोर पढ़ाये लइका मन आजो घलो मोर इज्जत करथे।

--00--

दृश्य-पांच

(अइसे तइसे करत रिक्शा बस स्टेण्ड करा पहुंचथे। गुरूजी (सदासिंग के पीठ ला ठोकत ठोकत))

गुरूजी – रोक-रोक

(सदासिंग रिक्शा रोकथे। गुरूजी उतरथे ताहन सदासिंग उतरथे इही मेर होटल हे। केरा (फल) दुकान हे पान ठेला घलो हे।)

गुरूजी – अच्छा त मोर ठउर आगे। (होटल डाहर इसारा करत) चलो आव चाहा पानी पी लेथन।

सदासिंग – (इशारा ला समझ जथे) नहीं, नहीं ठीक हे, कुछु नइ लागे।

गुरूजी – आव न भई पी लेथन। काबर लजाथस।

सदासिंग – अच्छा चलव भई। अतेक जिद्द करत हौं ते पी लेथन।

(होटल म जाथे)

(गुरूजी हा मया के मारे चाहाके आर्डर देथे। फेर सदासिंग हा देखते-देखत समोसा, जलेबी, आलूगुण्डा अउ भजिया ला एक-एक प्लेट मंगा लेथे) (खावत भर ले खाथे बाकि ला झोरा म जोर लेथे। ताहन चाहा पीथे। गुरूजी हा सिरिप चाहा भर ला पीथे।)

(होटल ले लगे फल ठेला हे जेमा केरा मन दर्जन के दर्जन ओरमे हे।)

गुरूजी – (बात जीते बर) अऊ कुछु कहीं?

सदासिंग – नहीं, नहीं। जादा तेलहा-फूलहा नुकसान करथे। केरच्च ला धर लेथवं।

(थोकिन धीरे स्वर म) ददा केरा ले बर केहे घलो रिहिसे।

गुरूजी – अच्छा ले धर ले

(केरा ला धर के सदासिंग हा रिक्शा म मढ़ा के वापिस गुरूजी करा आथे।)

सदासिंग – (पान ठेला म) ए भई। मीठा पत्ती पान लगाना तो। चमन बहार, चटनी, सिंकी सुपारी रहेगा। पान ठेला वाले पान बना के देथे। पान ला मुहूं म डारथे। पान के डंठल म चूना देथे। तेला सदासिंग हा जेउनी हाथ के अंगरी म लगा के राखे हे। सिगरेट के एक कस

फेर मारही। नाक ले धुंआ हा बाहिर निकलत हे। सदासिंग पान चबावत-चबावत पुरक देथे। चुना ला ओट म लगा के-)

सदासिंग - भइया। आदमी अतेक जोरदार हस भइया।
फेर हुंके भूंके नइ हस। निच्चट कोंदा हस का?

गुरूजी - (कान मशीन डाहर इसारा करत, खिसिया के)
कोंदा मैं नइ हौं मोर ददा बल्कि तैंह भैंरा हस का?

सदासिंग - अपन कान ला टमरथे। मशीन निकल जय रहिथे हीऽऽऽ करत मशीन ला कान खोंचथे।
मशीन ला कान म लगा के अरे नहीं नहीं अइसन कोनो बात नइहे।
(काहत-काहत रिक्शा चलावत आगु डाहर चल देथे)

गुरूजी - (हकर के होटल वाले से) के पइसा होइस समारू गा?
गुरूजी (तरूवा ला धर लेथे) करम फूटगे भगवान। बस म आतेंव ते पांचे रूपिया म निपट जय रहितेंव। फोकट के चक्कर म चार आना के घाघर बर बारा आना निछौनी दे ला परगे। ए ले रे भइया, एक कोरी ला धर ले, आगर ला आजी के दिन देहू।

होटल वाला - बन जही गुरूजी, आज जात रहिथस।

--00--

दृश्य-छै

स्थान- दारू भट्ठी

(गांव ले दुरिहा म)

(सदासिंग रिक्शा ला भट्ठी के आघु म खड़ा करथे। सदासिंग अपन ददा के सीख ला सुरता करथे। आकाशवाणी होथे देख बेटा ससुरार जाए बर जाथस फेर कोनो किसम के अल्हन झन करबे । मोर नाक म चूना झन लगाबे। दारू पीबे पियाबे झन।)

सदासिंग - (हल्का से मुस्कुरा के) नहीं ददा, तैं चिंता झन कर। तोर नाक म चूना नइ लगांव। मैं मैं पियत थोरे हवं। बस भीतरी म घलो नइ जांव। अब काहे ददा। तैं तो जानतेस हस। पियंव नहीं ले भर के रिक्शा म राखहूं। बेरा बखत दवई के काम करही।

--00--

दृश्य-सात

(गांव के खुसरती चौक जेमा चार झन सियान मन हा ढेरा डोरी आंटत, पेरा डोरी बरत, बीड़ी माखूर पीयत, माखूर खावत, पासा ढुलावत तास खेलत बइठे रही। उही करा सदासिंग ह अपन रिक्शा ला रोक के सियान मन ला पूछथे।)

सदासिंग - सुन तो बबा। खोरबाहरा के घर ह कते मेर हे।

बबा - कते खोरबाहरा, इहां तो चार-पांच झन खोरबाहरा हे।

सदासिंग - चार पांच झन हे। ददा ह तो मोला कुछु बताए नइहे। पठौनी लेवाये बर पठो दे हे मोला।

(ओतके बेर स्कूल के पूरा छुट्टी हो रहिथे। पढ़इया लइका मन दोरदिर-दोरदिर भागत रिक्शा करा देखे बर आथे।)

बबा - अच्छा तैं पठौनी लेवाए बर आए हस। अंऽऽऽ अंऽऽऽ फिरतु (हाथ म बलावत) आ तो रे बाबू। ए बाबू ला कोलवा घर लेग जा। (फिरतु सहमति म मुड़ी हलाथे) सदासिंग हा हाथ जोड़ के सब झन ला राम-राम कहिके रिक्शा म जघ जथे। पढ़इया लइका मन घलो रिक्शा म जघ जथे। हो हल्ला मचावत कोलवा घर पहुंच जाथे।

दृश्य-आठ

फिरतु - (चिल्ला के) रोक, रोक, रोक

(सदासिंग रिक्शा ला रोकथे)

फिरतू - (घर डाहर अंगरी देखावत) एदे घर आय कोलवा के।

सदासिंग - अच्छा त ले लइका हो तुमन जाव।

(लइका मन खुश होके हो हल्ला करत भागथे। सदासिंग झोरा ला धर के कोलवा के घर मुहाटी म पहुंचाथे। जा के देखथे त (सोंचथे) दरवाजा बंद हे। दरवाजा के मंझोत म आ के जम्हाही। सदासिंग हा सकरी ला धर के दरवाजा ला खटखटाथे।)

--00--

दृश्य-आठ 'ए'

(घर भीतरी पुनिया पड़री छुही ले घर ला पोतत रहिथे। मार जकही कस दिखत हे। पहिरे ओढ़े के ठिकाना न तोपे ढाके के। आवाज ला सुन के बाहरी ला घर के दरवाजा ला खोलथे। दरवाजा खुलते भार दुनों के नजर मिलगे। सदासिंग हा आदत के लचार एक घांव फेर पुनिया ला देख के गाना गाए के सुरू कर दिस।)

नजरे मिली, दिल धड़का, मेरी जां
लव यू राजा।

(गाना गावत-गावत पुनिया के तीर आय बर धरथे। पुनिया अपन बचाव करत बाहरी ला टेका देथे। सदासिंग के थोथना हा पड़री-पड़री बोथा जथे। बाहरी के नोक ह नाक म हुदरा जथे। हुदराए ले सदासिंग हा हड़बड़ा जथे।)

सदासिंग – ए का नाव हे तोर?

सदासिंग –(हकला के) में में मेंऽऽऽ एसएसपीके

पुनिया – ए कइसन किसम के नाव ए। कोन गांव रहितस तैंह?

सदासिंग – मोला केहे, दुरूग फोकट पारा

पुनिया – तैं दुरूग फोकट पारा। आंय। लजा के कपड़ा लत्था ला ठीक करत पुनिया लहूट के घर भीतरी डाहर भागथे।

--00--

दृश्य-आठ 'बी'

जघा- खोरबाहरा घर के अंगना

समय- संझौती

(खोरबाहरा अंगना म बीड़ी बनावत रहिथे कैमरा खोरबाहरा ला पकड़थे, उही फ्रेम म कैमरा पुनिया ला पकड़थे)

पुनिया - (हफरत-हफरत) ददा, सगा हा आगे हे, सगा हा आगे।

खोरबाहरा - कोन सगा आहे(मुहाटी करा जाथे)
(खुश हो के) अरे। दमांद बाबू। (सदासिंग अपन ससुर के पांव परथे) आव दमांद बाबू आव। भीतरी डाहर आव।
(अंगना म पुनिया ह खटिया म चद्दर जठावत रहिथे। पुनिया हा अतका बेर म कपड़ा लत्था ला ठीक कर डरे रहिथे।)

खोरबाहरा - बइठव बाबू।

खोरबाहरा - (पुनिया ले) नोनी, पानी उनी लान बेटी।
(पुनिया फूलकांच के लोटा म पानी ले के आथे। पानी दे के पांव परथे।)

खोरबाहरा - रद्दा म कोनो किसम के दुख तकलीफ तो नइ होइस ना?

सदासिंग - न ही, कोनो किसम के तकलिफ नइ होइस।

खोरबाहरा - अऊ सब बढ़िया, बढ़िया ना।

सदासिंग - हव, सब बढ़िया बढ़िया।

खोरबाहरा - अऊ घर डाहर समधी महराज के।

सदासिंग - वहू बने बने हे।

खोरबाहरा - (कुलकत) पुनिया, ले बेटी चाहा-वाहा जल्दी मढ़ा दे बेटी।

पुनिया -(रंधनी खोली ले) हौ बनावत हौं ददा।

सदासिंग - (एती ओती नजर मारत) घर म अउ कोनो दिखत नइहे।

खोरबाहरा - हां, तुंहर सास ला केहे बेटा। ओह काली के जोरन समान बर बाजार गेहे। आतेच होही, आखरी बस म। उंकरे सियानी चलथे। उही मन लेन देन करथे।

झरझरा - पुनिया-पुनिया।

खोरबाहरा - ओ दे झरझरा(सदासिंग के सास) के आरो मिलतेच हे। आगे तइसे लागथे।

झरझरा – (मया म) पुनिया, ए पुनिया। आऽऽऽ बेटी, सन्दुक ला उतार तो वो। गरू लगगे दई।

(पुनिया सन्दुक ला उतार के घर म भितराथे।)

खोरबाहरा –(थोकिन जुड़ बानी के रहिथे) तिंही हा लिचलिच ले मार बोझा ला बोह के लानत हस? कोलवा कहां हे?

झरझरा – (भन्ना जथे) वो कोलवा के नाव झन ले। खाए के बेर लरकू कमाये के बेर टरकू। आन दे रोगहा ला ताहन मंजा बताहूं। आज तो लांघनेच सुताहूं। सदा दिन के उपई हरे कोलवा हा। आगु चल के छान्हीं म होरा भूंजही तइसे लागथे।

खोरबाहरा – (अपन मुंहू म अंगरी टेका के) थोकिन धीर लगा के तो बोल कलकलहीन। दमाद बाबू आ हे ते हे।

झरझरा – (मया देखावत)अई। कतेक बेर के आ हे दमांद बाबू ह।

झरझरा – (खोरबाहरा उपर तमतमावत) बइठे-बइठे बीड़ी ला फूकुर-फूकुर पियत हस। दमांद बाबू ला चाहा पानी बर पूछे हस ते भइगे। (पुनिया डाहर मया लमावत) चाहा बनगे बेटी पुनिया।

पुनिया – हव दाई। लानत हौं वो।

(पुनिया चाय धर के आथे।)

झरझरा – (ललक के) कामे आए हव बाबू?

सदासिंग – रिक्शा गाड़ी म आए हंव दाई।

झरझरा – (खुश हो के) अईऽऽऽ गाड़ी म आए हव बाबू। त हमु मन तो संझा कन आए हन। एदे दुरूग बजार में जोरन के समान बिसाए हन। समधी महराज बने-बने हे?

सदासिंग – (मुड़ी ला हला के जवाब देथे।) हूंऽऽऽ हंऽऽऽ हा

झरझरा – हाथ मुंहु ला धो लेव। अई तुंहर मुहु के पड़री-पड़री काए बाबू?

सदासिंग – (पर्स ले दरपन निकाल के अपन थोथना ला देख के) एह फेयर एण्ड लवली आय दाई। पोंछ लेथंव। पछीना म फकफक ले उपक गेहे। (सदासिंग हा हाथ गोड़ धोए बर जाथे।)

झरझरा – पुनिया, तैं का देखत हस। ए कप प्लेट ला लेग न बेटी।

पुनिया – हहो दाई (कहिके कप प्लेट ला उठा के लेगथे।)

झरझरा – (खोरबाहरा ला ताना मारत) कइसे। तैं इही मेर बइठेच रहिबे ते गांव बस्ती म नेवता हिकारी देबे।

खोरबाहरा - कोलवा ला तो केहे रेहेंव वो।

झरझरा - फेर ओ कोलवा के नाव लेथस। तुंहला थोरको नइ लागे का? तुंहर बाप बेटा के नाव ले के मोर जिनगी हा नरक हो गे हे नरक। अब मैं बतात हवौं तेला बने ढंग के सुन ले।

गोतियार घर ला नेवत देबे। पार पांघर वाले मन ला नेवत देबे। सरपंच अउ पटेल मन ला घलो नेवत देबे। वाइसे तो गांव भर के ला नेवता देबोच करबो तभो ले मितान घर खुदे चल देबे।

खोरबाहरा - त कोलवा ला तो केहे रेहेंव।

झरझरा - तैं सियान हो के कहि देबे त तोर मुंहू हा खिया जही का?

खोरबाहरा - (धिरलगहा) ओइसन नइ काहत हौं सियनहीन फेर हुदरेच असन काबर गोठियाथस।

झरझरा - टार तोर टोक ला। ए मेर ले जा।

खोरबाहरा - गुनगुन-गुनगुन- करत चल देथे।

(दमांद बाबू मुहूं कान धो के बइठथे। बइठथे ताहन)

झरझरा - जल्दी भात साग ला रांध डर पुनिया।

दमांद बाबू भूखाय होही। अउ सुन राहेर दार हा कुड़ेरा म हे। बरी ह झांपी म हे। आलू बरी मूनगा ला बने रांध डरबे।

पुनिया - हव दाई हव।

सदासिंग - नइ लागे।

झरझरा - ले बइठो बाबू। कोलवा हा आतेच होही। घुमाए बर लेगही अउ गाड़ी ला बियारा म ओइलाही।

सदासिंग - ले नइ लागे। मिही खड़ा कर देथौं।

--00--

दृश्य-नौ

स्थान -बियारा

(पैरावट के तीर म रिक्शा ला खड़ा करथे। पैरावट ले पेरा तीर के बइठे बर बिछाथे (जेमा दारू के बोतल बाटल, मिक्चर समोसा केरा रहिथे। जेला होटल म जोरे रहिथे अउ प्लास्टीक के बाटल निकाल के पेरा उपर फूरसदहा बइठ के बढ़िया दारू पीयत रथे) ओतने बेर कोलवा बियारा पहुंचथे। अपन भांटो के पांव परथे।)

कोलवा - (पांव परत-परत) याऽऽऽ कइसे अकेल्ला अकेल्ला जमा देहस भांटो।

सदासिंग - खुशी राह, खुशी राह, चिंरौजी खा।

कोलवा - अच्छाऽऽऽऽ तें दारू पीबे अउ मैंह चिरौंजी खाहूं।

सदासिंग - आ ना। तहूं हा पीबे बे। फेर तैं कइसे जाने मैं बियारा म हौं कहिके।

कोलवा - अरे भांटो, घर म गेंव त दाई बतइसे। तोर भांटो हा बियारा म गाड़ी ला राखे बर गेहे कहिके। ए दे इहां आ के देखथौं त, ते जमा दे हस।

सदासिंग - चला आ तहूं जमा। दूनों झन जमाथन।

कोलवा - (सेखी बघारत) अऊ कांही खाए के जुगाड़ करौं भांटो?

सदासिंग - अतका संसो करत हस त पहिली ले काहीं जुगाड़ नइ कर ले रहितेस।

कोलवा - बोल तो सही, तोला का चाही भांटो? तोर बर तो जान हाजिर हे जान।

सदासिंग - राहन दे, राहन दे। तुंहर गांव के सरहा पोटा ला काय करहूं। (अइसने कुछु काहीं गोठ-बात करत सारा भांटो ठगी के ठगा होवत दारू पिथे)

कोलवा - मैं घर डाहर के बेवस्था ला देख के आवत हौं भांटो।

सदासिंग - जा झटकुन बेवस्था करा के आबे।

कोलवा - बस ए गेंव अउ ए आयेंव।
(कोलवा ओ मेर ले चल देथे।)
(कोलवा गीस ताहन)

सदासिंग - (दारू के नसा हा रूमझूम रूमझूम चघ जथे साले कोलवा, खाय बर खपरा नहीं अउ बजाए बर दफड़ा। ओ तो तुंहर किस्मत आय के मैं तोर भांटो अंव। एसएसपी के वोइसे तो मोला सहर म भांटो बनइया के लइन लगे हे। (काहत-काहत गीर जथे मेरे को नानमून आदमी समझता है। हा हा हा हा))

(सदासिंग के आंखी हा नसा म मुंदा गेहे।)

(कुकुर हा खजानी मन ला सुंघथे। चांटत-चांटत सदासिंग के मुंहु ला घलो चांटे ला धर लेथे।)

सदासिंग - पुनिया तैं। तैं ए मेर (नसा म कुकुर हा पुनिया नजर आवत हे।) गजब सुन्दर दिखत हस पुनिया। वोइसे तो मैं तोर कारी कजरारी आंखी ला देख के पहिलीच घांव मा मोहा गेंव। माई ददा इस ग्रेट हे। नाट संसो पुनिया, में लव यू मी। नो फिकर पुनिया, नो फिकर। गाना- दू बेनी वाली थोकिन तीर में तो आ, तीर में तो आ, थोकिन तीर में आ गाना के खतम होती कुकुर ला चमचम ले पोटार लिही। गाना के साथ आखिरी म कुकुर के पीठ ला सहलावत-सहलावत हाथ पुछी म चल देथे।

सदासिंग - दू बेनी वाली थोकिन तीर में तो आ, तीर में तो आ, थोकिन तीर में तो आ।

सदासिंग- (आश्चर्य से) अरे। तोर तो दू ठोक बेनी रिहिस पुनिया। (नसा म) मजाक झन कर पुनिया। लघियात दू ठन ले एक बेनी वाली होगेस। गउकीन दू बेनी, इमान से तैं परि कस लागथस दू बेनी म। दू बेनी मने दू बेनी।

(कोलवा अपन मस्ती म आथे।)

कोलवा - (हांसत-हांसत) भांटो, अबे भांटो तेंह कइसे कुतन्नीन ला चमचम ले जमा दे हस (छोड़ाथे) छोड़, छोड़ना जी। कुतन्नीन मर जही भांटो। छोड़ ना, छोड़ ना।

सदासिंग - (नाराज हो के) तैं कोन हस बे? (कुकुर ला पोटारत) पुनिया तैं अइसने राह। मैं एला देखत हौं साले ला। (सायरी बोलथे)

पान म सुपारी हे त पीपरमेंट का करही।
तोर मोर प्यार हे त ए गोरमेंट का करही।

कोलवा - (हलाकान हो के) अरे छोड़ ना मोर भांटो। तोर पांव परत हौं भाटो। कुतन्नीन ला मोर बहिनी झन बना जीजा जी। (कुतन्नीन ला छोड़ा के भगा देथे।) तोला निशा होगे हे भांटो।

(कोलवा हा उठा के सदासिंग ला सहारा दे के घर लेगथे।)

दृश्य-दस

(दुसर दिन के दृश्य)

बेरा-बिहनिया

(सदासिंग सूत उठ के दरवाजा ला भीतरी डाहर ले खोलथे। बाहिर आ के जम्हाई लेवत अटियाथे। झरझरा हा अंगना ला बहारत-बटोरत रहिथे। सदासिंग हा एती-ओती देखथे। सास हा दमांद के आरो पा के।)

झरझरा - (आवाज देथे) पुनिया बेटी। दमांद उचगे तइसे लगथे वो। पानी-उनी दे मुंहू-कान धोए बर।

पुनिया - हव दाई (पुनिया हा पानी ला के दे जाथे। सदासिंग लजावत-लजावत लोटा उठा के मुहूं धोए बर जाही। मुहूं धो के आही।)

झरझरा - (दमांद बर मया पलपलाय रहिथे, मीठा वचन में) उहां बेरा के चढ़त ले सूते के आदत होही ना बाबू। ले काहीं नइ होवय। सहर के लइका मन अइसनेच होथे, जावौ ना। तरिया डबरी ले नहा खोर के आ जहू। मुखारी दे नोनी।

पुनिया - हव दाई (पुनिया मुखारी अउ लोटा ला के देथे।) सदासिंग लोटा अउ मुखारी ला धर के तरिया डाहर जाय बर घर ले निकल जथे।

--00--

दृश्य-दस 'ए'

(खोरबाहरा डब्बा म मही धर के घर आथे। मही ला पुनिया ला देथे।)

खोरबाहरा – (झरझरा ला पूछथे) त, दमांद ह उचगे वो?

झरझरा – (झरझरावत) नहीं त अभी तक ले सूते रही। बिहनिया ले गे रेहे तेह अभी आवत हस। मही ला तिंही ह बिलोवत रेहे का?

खोरबाहरा – (समझावत) कभू तो सुलील लगा के गोठियाय कर वोऽऽऽ । जब देखबे त कुकुर मन असन हावेंच हांव करथस।

झरझरा – (तमतमा के) गुब्जा नहीं ते, मैं तोला कुकुर असन दिखथौं अउ तैंह कोलिहा।

खोरबाहरा – (भन्ना जथे) एकदमेच्च मुंहू हा खुल गेहे। लान तो मोर ठेंगा ला रे। कुचरन दे एला।

झरझरा – (तिरिया चरित्तर सुरू हो जथे रोना चालू कर देथे। रोवत-रोवत हाथ लमा के) बड़ ठेंगा देखाथस (दते ला धरथे) ले मार, ले मार, ले नाऽऽऽ एकर मार के मारे दुबरा गेंव दाई वोऽऽऽ ए हें हेंऽऽऽऽ

(गोहार पार के रोथे) मोर करम छांड़ दिस दाई। कभू सुख ला नइ जानेंव दाई ए हें हें

एकर मीठा बोली बचन ला कभू नइ जानेंव दाई। मोर संग करू करेला कस करू करू गोठियाथे दाई ए हें हेंऽऽऽऽ

--00--

दृश्य-ग्यारह

सदासिंग -(सदासिंग नहा खोरे बर जावत-जावत रद्दा बाट म गीरे गजट (अखबार) ला उठा के धर लेथे। गजट ला धर के आगु डाहर बढ़थ।)

तरिया के खाल्हे धनहा के भेड़ के ओधा म लोटा ला मढ़ा के बाहिर बइठथे। बाहिर बइठे-बइठे पेपर पढ़त रहिथे। फूरसदहा बाहिर बइठे रहिथे। दू झन गोबरहिन मन गोबर बीने बर गोठियावत-गोठियावत जावत रहिथे।

सदासिंग ला लागथे कि गोबरहिन मन इही रद्दा ले आवत हें कहिके पेपर ला ओधा करके धरा पसरा खड़ा हो जथे। जइसने के तइसने पेंट ला कनिहा तक चढ़ा लेथे। पेंट म गंदगी हा सबड़ा जथे। हड़बड़ी म लोटा घलो गिर जाथे। गोबरहिन मन के नहकई ला, पेपर ला उपर-नीचे करके देखत रहिथे।

गोबरहिन मन के नाहके के बाद पीछू डाहर गंदगी के एहसास होथे। ताहन सदासिंग ह एती ओती झांखत तरिया डाहर भागथे। तरिया म सुनसान घठौंदा म पेंट-सर्ट सहित खुसर जथे। पेंट ला हेर के तरिया भीतरी साफ करथे। जइसने पेंट ला हेरथे ओइसने दू चार झन टूरा टानका मन धमक देथे।

सदासिंग ला पेंट-सर्ट सहित-तरिया म खुसरे देख के टूरा मन खलखला के हांस डरथे।

(ओइसने म कोलवा आ जथे)

कोलवा - भांटो- (टूरा मन के हंसई ला देख के दांत ला किटकिटावत) अबे मोर भांटो के खिल्ली उड़ाथव बे।

(ताहन टूरा मन चूप हो जथे।)

सदासिंग हा अपन सर्ट ला हेर के कनिहा म लपेटथे अउ पेंट ला धरे-धरे घठौंदा म पखरा करा आथे।

(कोलवा ला गिल्ला पेंट ला धरा देथे।)

कोलवा - कइसे कपड़ा लत्था सहीं खुसर गे रेहे भांटो।

सदासिंग - (घटना के एहसास होवन नइ देवै) ओऽऽऽ

काहे की (रूक जथे) अरे। ओ काहे कीऽऽऽ । कपड़ा ला धोना रिहिसे तेकर सेती खुसर गे रेहेंव।

कोलवा - ले जल्दी पहिर। दाई ह मोला केहे हे बस्ती डाहर गोतियार पारा बइठारे बर लेग जबे कहिके।

सदासिंग - जल्दी पहिरत हौं (कपड़ा ला सदासिंग हा पहिरथे ताहन दुनों झन तरिया ले वापिस बस्ती डाहर आथे।)

--00--

दृश्य-बाहर

दृश्य-पाठ ठेला

(पान के ठेला म कोलवा अउ सदासिंग हा गांव घुमे के स्टाइल म पहुंचथे।)

(ठेला वाले पान बनावत हे।)

ग्रामीण एक- ए कहां के सगा आय कोलवा?

कोलवा - (खुश होके) पुनिया इहां के भांटो आय।

ग्रामीण एक- अच्छा लेवाए बर आ हे जी।

ग्रामीण दो - (ठहराती) अच्छाऽऽऽ तरिया पार वाले भांटो आय का?

कोलवा - (खिसिया के) पान देना बे डेमचुल। बदमास मन कचर-कचर करत हे। चल भांटो जाबो।

--00--

दृश्य-तेरह

सारा-भांटो, गोठ-बात करत गांव घुमत हे।

--00--

दृश्य-चौदह

जघा-सरपंच के घर

(कोलवा सरपंच घर भीतरी खुसरत-खुसरत)

कोलवा – सरपंच कका हवस का ग?

सरपंच – (आरो पा के निकलथे) आ कोलवा आ दमांद बाबू आवव, बइठव-बइठव।

(गनपत घर के नौकर ए। सरपंच हा गनपत के कान म धीर लगहा) थोकिन चाहा ला मढ़ा देबे (कहिथे)

सगा मन सोफा म बइठे हे, उंकर आघु म टी टेबल माढ़े हे। गनपत सबले पहिली गिलास म पानी लान के टी टेबल म राखथे।

सरपंच – (कुलक के) भउजी का करत हे कोलवा?

कोलवा – दाई ह पठौनी के तइयारी म लगे हे अऊ मोला सगा बइठारे बर भेजे हे।

सरपंच – ले का होइस। बने करे बेटा बने करे। सहर म तुंहर काम बूता कइसे चलत हे दमांद बाबू?

सदासिंग – ठेकादार हवं ठेकादार, ठेकादारी बने चलत हे।

सरपंच – का के ठेकादारी?

सदासिंग – उही, स्टेण्ड म। स्टेण्ड के ठेका।

सरपंच – अच्छाऽऽऽ अच्छा, त कामे आए हस बाबू?

सदासिंग – उही रिक्शा म।

सरपंच – (आश्चर्य से) रिक्शा म।

सदासिंग – बात अइसन ए सरपंच कका। अब तुंहर गांव के सड़क के ठीकाना नइ हे। जेन सड़क ला देखबे उहें चुचकी-चुचकी। कार ला लाने के बिचार रिहिसे फेर पंचर-उंचर हो जतिस त कइसे करतेंव। सबले परेशानी के बात पेट्रोल के हे। आप मन पेट्रोल पंप खोलवातेव ते दारू-भट्ठी ला खोलवा दे हव। कार हा तो दारू म चलै नहीं। रिक्शा हा चल जथे। तिही पाय के रिक्शा ला धर के आए हवं। अब तिंही बता। तुंहर बेटी ला लिवा के लेगहूं त बने कार असन म बइठार के लेगहूं। तभे तो सोभा दिही कका।

सरपंच - लफर-लफर मारत हे कहिके जान डरथे, कंझा के बने सोचे हस बने। (गनपत चाहा लाथे, चाह ला टी टेबल म राखथे चाहा ला सबो झन उठा के पीथे। चाहा पीयत पीयत)

सदासिंग - वोइसे स्टैण्ड म आहू ते एसएसपीके कहिके पुछहू ते कोनो भी बता दिही। वोइसे ए मोर विजिटिंग कार्ड ए, कोनो भी ला पुछहू ते बता दिही। जब भी सहर अवई होही ते फोन करके आहू। नंबर इही म लिखाय हे।

सरपंच - बने करे बाबू। बेटी जाही ताहन आबेच करहूं। फेर तहूं मन आवत-जावत रहू।

कोलवा - बस। अब जावत हन कका। ओती दाई देखत होही।

--00--

दृश्य-पन्द्रह

स्थान-खोरबाहरा के घर

(जोरन के समान रखाय हे। दू चार झन माईलोगन मन दुखी भाव म बइठे हे।)

झरझरा -(सब झन ला लुगरा ला देखावत रहिथे)एदे, बेटी बर गजब मांहगी के लुगरा ले हौं। छै कोरी दस रूपिया के लुगरा ले हौं। एदे लुगरा ला ओकर काकी दे हे। एदे ला मितानीन देहे अउ एदे हा ओकर ममा घर ले आ हे।

(गोठियावत गोठियावत झरझरा ह रोए ला धर लेथे।) एदे ननपन ले नोनी ला चिरई कस पोंसे रेहेंव दाई ए हें हेंऽऽऽ। तैंह अकेल्ला घर दुआर के काम बूता ला कर लेवत रेहे बेटी। तोर राहत ले मोला कोनो संसो फिकर नइ राहत रिहिसे बेटी। तोर जाए के बाद घर हा सुन्ना लागही बेटी- ए हें हेंऽऽऽऽ

महिला एक - ले कइसे करबे वो पुनिया के दाई। बेटी तो पर घर के धन आय झरझरा। ए दिन बादर ला तो सबो बेटी वाले दाई ददा ला देखे ला परथे। (अपन आंसू ला पोंसत-पोंसत झरझरा ला समझाथे। झन रो पुनिया के दाई, झन रो)

--00--

दृश्य-सोलह

स्थान-अंगना

(झरझरा ह अपन दमांद के खांध म पेंट सर्ट के कपड़ा डारत-डारत समझाथे।)

झरझरा - मोर अंगना के बेटी ला मैं तोर अंगना म पठोवत हौं। कोनो किसम के गलती होही तेला संवास लेबे। आज ले तिंही ह नोनी के देख देख करइया, सबे कुछ हरव।

सदासिंग - (आंसू पोंछत) नहीं दाई। मोर राहत ले कोनो संसो झन करौ। कोनो किसम के तकलीफ नइ होवन देंव।

खोरबाहरा - (अपन दमांद ला दस रूपिया धराथे)

सदासिंग हा अपन ससुर के पलागी करथे। खोरबाहरा ह घलो पटका ले अपन आंसू ला पोंछथे।

(पुनिया हा सुसकत सुसकत अपन ददा संग भेंट लागथे।)

मोला सगा बना दिए ददा ए हें हेंऽऽऽ

मोला अपन कोरा ले छोड़ाए काबर ददा ए हें हें मोला पर के अंगना म काबर पठोवत हस ददाऽऽऽऽ

खोरबाहरा -(दुलारत) चुप हो जा बेटी, चुप हो जा।

परागा - ले झटकुन निकालव, बेटी गरमावत हे।

(एकर बाद सब झन समान ला धर के खोर म निकलथे। ताहन पाछू-पाछू पुनिया ला रोवावत-रोवावत फूफू हा भेंट लगावत निकलथे। ताहन भीड़ हा बाहिर निकलथे। गली-गली जावत जावत एकाद झन पांव के पांव परवा देथे। एकाद झन सन भेंट लगवा देथे।)

--00--

दृश्य-सत्रह

कोलवा - (कोलवा रिक्शा ला धर के खइरखा डाढ़ म लेग के खड़े हे। टूरा मन रिक्शा ला छू-छू के मजा लेवत हे। चिल्लावत के कथे- रिक्शा ला छुवोझन)

(एती भीड़ के आघू-आघू पान खाए सदासिंग हा चलत हे। पीछू-पीछू भीड़ हा आवत हे।)

(अब सदासिंग हा रिक्शा म बइठथे। कोलवा अपन भांटो के पांव परथे।)

कोलवा - दु चार दिन के बाद आवत हौं भांटो। ताहन तोर कार म पिच्चर देखे बर जाबोन।

सदासिंग - (हामीभरत) हौंऽऽऽ हौऽऽऽऽ हौऽऽऽऽ आऽऽऽऽ नाऽऽऽऽ आऽऽऽऽ नाऽऽऽ

(भीड़ करीब आ जथे। रिक्शा म समान ला चढ़ाथे। कोलवा हा सम्हाल-सम्हाल के समान ला रिक्शा म जोरथे।)

झरझरा - (कोलवा ला इसारा करत, रोवासी स्वर म)

आ बेटा, तोर बहिनी ला गुर पानी पिया दे।

(कोलवा तीर म आथे, कोलवा घलो सुसके ला धर लेथे। पुरा माहोल बेटी के बिदाई म गमगीन हे।)

(कोलवा ह गुर पानी पियाथे)

झरझरा - (सुसकत-सुसकत) अपन बहिनी संग भेंट लगा ले बेटा।

(भेंट लगे बर जावत रथे ओतके बेर असकटा के सदासिंग हा प्लास्टिक के सांप ला कोलवा के गोड़ करा फेंक देथे। कोलवा डर्रा जथे।)

कोलवा - (चमक के) ए दाई वो, सांप, सांप (कहिके अपन बहिनी संग भेंट लागे बर छोड़ के हड़बड़ा के कूद के भाग जथे।) कोलवा के भेंट लगई के छोड़ती म सदासिंग हा पुनिया ला पोटार लेथे। पुनिया अपन भाई होही कहिके बोल, बोल के भेंट लागथे।

पुनिया - मोला सगा बना देस भइयाऽऽऽ ए हें हें ऽऽऽ

आज ले मैंह पर होगेंव भइया ए हें हेंऽऽऽ

सदासिंग - (खिसिया के) अरे चुप। मैंह तोर भइया नो हंव तोर संइया अंव संइया पहाटिया छोड़ दिही ते छोड़ दिही गोसइया थोरे छोड़ दिही चल रिक्शा म बइठ।

(पुनिया ला सदासिंग रिक्शा म बइठारथे। सदासिंग हा रिक्शा के सीट म बइठ के दू घांव पों-पों भोंपू बजाथे अउ टेप के गाना ला सुरू करथे। रिक्शा वाले अंव मैं जल्दी के जवइया ओकर बाद सदासिंग हा पुनिया ला पठौनी लिवा के लेग जथे।)

--00--

चिन्हारी

नाम	-	दुर्गा प्रसाद पारकर
प्रवर्तक	-	एम.ए. (छत्तीसगढ़ी) पं. रविशंकर विश्वविद्यालय रायपुर (छ.ग.)
जन्म तिथि	-	11 मई 1961
स्थायी पता	-	ग्राम-बेलौदी, पो-भेड़सर (नगपुरा), जिला व तहसील-दुर्ग (छ.ग.)
वर्तमान पता	-	केंवट कुंदरा, प्लाट-03, सड़क-11, आशीष नगर (पश्चिम), रिसाली, भिलाई, छत्तीसगढ़, 490006 मो.- 98274-70653
पिता	-	श्री उदेराम पारकर
माता	-	स्व. श्रीमती लीला देवी पारकर
पत्नी	-	श्रीमती नीलम पारकर
पुत्री	-	श्रीमती भावना भक्ता
दमांद	-	श्री महेन्द्र भक्ता
पुत्र	-	श्री केतन पारकर
बहु	-	श्रीमती रविना पारकर
शिक्षा	-	एम.काम., एम. ए. (हिन्दी)
संपादन	-	लोक मंजरी(छत्तीसगढ़ी)1995 छत्तीस लोक (छत्तीसगढ़ी) 1995
छत्तीसगढ़ी स्तंभ-		चिन्हारी (दैनिक भास्कर रायपुर) 1995-2000 आनी बानी के गोठ (दैनिक रौद्रमुखी स्वर)1992-1993
प्रकाशित-		चिन्हारी भाग-1, चिन्हारी(लोक संस्कृति) 2001 चिन्हारी भाग-2, जस जंवारा 2002 चिन्हारी भाग-3, मया पीरा के संगवारी सुवा (गद्य)2012 चिन्हारी भाग-4, मया पीरा के संगवारी सुवा (पद्य)2013 चिन्हारी भाग-5, शिवनाथ (लोकनाट्य) 2014 चिन्हारी भाग-6, छत्तीसगढ़ी अनुवाद व्यंग्य हरिशंकर परसाई के 2018 कला परंपरा-8, छत्तीसगढ़ी नाटक-सुकुवा 2017

अतिशीघ्र प्रकाशित-

कला परंपरा-10, छत्तीसगढ़ी नाटक-चंदा